大教育书馆

教育

原来 美好

包祥

畅销教育小品

教育是与天使相伴，天使就是您的学生

江蘇鳳凰教育出版社
Phoenix Education Publishing, Ltd

图书在版编目(CIP)数据

教育原来如此美好/包祥著. —南京:江苏凤凰教育出版社, 2010.3 (2018.4重印)
ISBN 978 - 7 - 5343 - 9632 - 8

Ⅰ. ①教… Ⅱ. ①包… Ⅲ. ①中学—教育工作—研究
Ⅳ. ①G63

中国版本图书馆 CIP 数据核字(2010)第 051887 号

书　　名	**教育原来如此美好**
作　　者	包　祥
责任编辑	沈静明
出版发行	江苏凤凰教育出版社(南京市湖南路 1 号 A 楼　邮编 210009)
苏教网址	http://www.1088.com.cn
照　　排	南京前锦排版服务有限公司
印　　刷	江苏扬中印刷有限公司
厂　　址	扬中市大全路6号
开　　本	787mm × 1092mm　1/16
印　　张	13.75
版　　次	2010年3月第1版 2018年4月第9次印刷
书　　号	ISBN 978 - 7 - 5343 - 9632 - 8
定　　价	35.00 元
网店地址	http://jsfhjycbs.tmall.com
公 众 号	苏教服务(微信号:jsfhjyfw)
邮购电话	025 - 85406265, 025 - 85400774, 短信 02585420909
盗版举报	025 - 83658579

只有拥有对人类社会发展的透彻领悟，才能真正懂得教育。

——作者题记

北京电台周敏主播访谈包祥校长:探索教育的真谛

自然化:只有遵循规律才能做好教育

书香化:校园是师生读书的地方

人文化:让校园成为师生成长的精神家园

国际化:“兼容并包”教育的路会更宽阔

目　录

第二部分　校园书卷气

——书香化:校园是师生读书的地方

第三部分　教育的最优化与学习的最优化

——人文化:让校园成为师生成长的精神家园

第四部分　教育连通世界

——国际化："兼容并包"教育的路会更宽阔

教育赋

万物有理，四时有序。天地星辰，自力自律。地阔天圆，亨通顺利。圣心之道，行走天意。中华文化，沧海桑田，繁衍茂盛，世界屹立。开物成务，天健德丽。

教育神圣，金石之理。苍天蕴育，儿童神奇；如海浩瀚，似天邃兮；超凡脱俗，天赋演绎；智慧泉源，曼妙情契。

吾师伟大，激荡诗意；情怀炽热，敏锐洞悉；善者因之，愿景如一。育我儿童，顺势秩序；张弛有度，动静相宜；科学人文，相融相依。

精神物质，乾坤一体。时空交汇，延伸万里。自然生长，乃吾教育。

甲午年春

这是我在2014年春天写的自然生长教育赋，是我对教育的理解，对教育的情怀，对教育的愿景，并在实践着。

再版序言　妻子，您好！

《教育原来如此美好》多篇内容都是我在21世纪初发表在《中国教育报》等报刊上的文章，在妻子鼓励帮助下整理成书，承蒙江苏凤凰教育出版社欣赏出版了，第一读者当然是妻子。她说老师们、校长们一定会喜欢阅读并受用的。

《教育原来如此美好》于2010年3月出版后，果然让读者错爱，已经第7次印刷，据我所知已是艾瑞德国际学校、深圳龙岗区外国语学校、郑州中学、青岛上清路学校、鹤壁高中、齐齐哈尔外国语学校等学校老师们的案头书。

8年来经常收到读者朋友们的来信、留言、微信、来访，有校长，有老师，有教育工作者，也有家长。他们有的在首都北京，有的来自南国深圳、厦门，有的来自北国大庆，有的来自黄海之滨青岛，也有的来自西南春城昆明等。

因《教育原来如此美好》认识了深圳龙岗区外国语学校的唐文红校长，青岛上清路学校的李华校长等，还有其他许多校长和老师们。

《教育原来如此美好》第一部分：学校的变革会悄然而至；第二部分：校园书卷气；第三部分：教育的最优化与学习的最优化；第四部分：教育连通世界。读者朋友们说，无论是书名还是每一部的名字都特别美好。这大概是我对教育的独特认识和表达吧，更重要的是我深深地爱着教育。

“只有拥有对人类社会发展的透彻领悟，才能真正懂得教育。”这是写在扉页上的作者题记。开始写的是“仅以本书献给一直支持我的妻子赵淑华女士”。她也是一位教育工作者，一生默默无闻、踏踏实实地在做教育，不求任何荣誉，只是深深地爱着学生，在支持着我。

我先后出版了《汉语语法简表》(内蒙古教育出版社)、《童年是属于大自然的》(江苏凤凰教育出版社)、《自然生长教育——包祥讲家教八部曲》(福建教育出版社)、《美的邂逅——中国文化的启示》(华东师大出版社)等教育专著，赵淑华老师是第一读者，并提出宝贵意见。在《教育原来如此美好》再版之际表达我对妻子深深的谢意：妻子，您好！

我已经讲学教育2 557场次，给校长们讲学“现代校长的八大要素”，给老师们讲“优秀老师的八大要素”，给家长们讲“家教八部曲”。在我的“端然先生”和“自然生长教育”微信圈子里每天发三至五百字“包祥说教育”短文，粉丝们每天都在阅读互动着。此乃对教育的执着吧！妻子说我此生只会教育。若如妻子所说，足矣。

此次再版书的原文没有动，加了几篇教育小文，以谢读者。

感谢江苏凤凰教育出版社对本书的再版，感谢沈静明编辑对再版的宝贵建议。

向一直以来喜欢读我的几本教育书的老师、校长及社会各界的读者们致谢，向粉丝们致谢！

包祥

于青岛八大峡端然书屋

丁酉年中秋

序　言

⊙—— 校长的文化情结与学校的文化味道 ——⊙

朱永新

包祥校长的新书《教育原来如此美好》要出版了，希望我写一点文字。

包校长是六一中学副校长。六一中学的王涵校长是我非常敬重的文化人，他对于读书的热爱是渗透到骨子里的，他也是书香校园的践行者。2006年，我们的新教育实验大会曾经在六一中学美丽的校园里举行。这是一个文化味道很浓的学校，因为有一个文化味道很浓的校长。

王校长告诉我，包祥校长是教育世家出身，化学高级教师，教育管理专业的研究生；曾在齐齐哈尔、青岛、深圳、昆明等地任省重点中学校长和较大民办学校校长达20年之久；现在分管学校的外事工作，担任世界学堂联盟的秘书长和北京市中小学外籍学生教育研究会的副会长。

王校长还告诉我，包祥校长写过许多著作，如《现代教育的透视》、《走向市场经济——精神文明与教育新论》、《汉语语法简表》等；在《中国教育报》、《现代教育报》、《教育时报》、《教育探索》、《中小学校长》等报刊上发表过200多篇教育文章，其中《当校长的15种感受》、《我们要构建怎样的校园》等文章在网上有非常高的点击率。

作为在一个文化味道非常浓厚的学校里浸润了许多年且同时影响着学校文化味道的校长，包校长的这本书同样有着浓厚的文化味道。在《学校文化的三个方面》中，他说有人把中国文化分类为使用文化，如景泰蓝、宣纸、武术、唐装等；艺术文化，有古琴、书法、绘画、建筑等；更重要的是儒家精神、道家思想、"辨证施治"的思维方式等核心思想文化。学校文化是否也应从这三个方面建设，或叫从这三个方面积累、积淀形成，即思想文化，如教育思想、办学理念；艺术文化，有教育艺术、课堂教学艺术、管理艺术、建筑艺术等；规章制度、课程表等，姑且把它称为使用文化。在《读书》一文中，他写道："我常想我们在阅读先祖书写之优秀文学如《岳阳楼记》、

《琵琶行》、《陋室铭》、《红楼梦》等，听其演《周易》，说《论语》，赋《离骚》、《逍遥游》、《大风歌》、《出师表》，体会其峥嵘之高论，浩荡之奇言。”在《中国文化之包祥谈》中，他更加充满深情地道白：“我多少次寻找先人思想。儒家精神里对他人包容和关怀的‘仁者爱人’，‘修身、齐家、治国、平天下’精神；道家的‘反者，道之动’和无为而治思想；还有把人看作全息的、和谐系统的‘辨证施治’思维方式等核心思想文化使我惊叹不已。我曾多少回被历史所吸引。从河姆渡到黄帝陵，从莫高窟盛唐遗韵到八达岭巍巍长城，祖先披荆斩棘，历尽艰辛，开辟神州亘古荒原。我为他们创立了生生不息的华夏文明及开中国文化之先河而敬慕。”

包校长不仅潜心学习与研究中国文化，而且积极推广中国文化。他多次出国，在美国的纽约、克里夫兰，在日本的青森，在英国的伦敦等地进行教育演讲，宣传与推介中国文化。

我没有来得及全面阅读包校长的这本书，但是初步翻阅一下，还是有一些比较深刻的印象的，如“每个孩子都是珍贵的存在”、“愿景管理，学校发展的长久策略”、“教育不能独善其身，应追求兼济天下、合作发展”、“文化管理，学校的变革会悄然而至”、“用中国文化办中国学校，用中国方式管理中国学校”等。透过这些文化味道很浓的文字，我们能够感受到他的文化情结，感受到他不为积习所弊、不为时尚所惑、积极追求真实的教育的情怀。

2008 年 1 月

朱永新，男，1958 年生，江苏大丰人，1982 年 8 月参加工作，同济大学管理工程专业毕业，研究生学历，博士学位，教授，博士生导师。现任十一届全国人大常委会委员，民进中央专职副主席，中国教育学会副会长，教育部教师教育专家委员会委员，教育部心理学教学指导委员会委员，“新教育实验”发起人，台湾《本土心理学研究》顾问。著有《朱永新教育文集》(十卷)、《新教育之思》、《写在新教育的边上》等，主编《当代日本教育丛书》等 30 余种，并主持《新世纪教育文库》的编选与出版工作。在国内外学术刊物上发表论文 200 余篇。曾多次主持联合国教科文组织委托研究项目、国家自然科学基金项目、国家社会科学基金项目及省级研究项目，并多次获奖。

教育原来如此美好

——自序

进入21世纪以来，新课改的时代车轮推动了教育列车的加速前行。这场前无古人的改革洪流，给了中国教育人一个千载难逢的契机——抛却功利与浮华，真正去探寻教育的本质与真谛，把最人性、最美好的教育呈现给孩子们。

有人说，成长就是快乐越来越少的过程。其实不然，我说成长是人成熟的过程，成熟就是烦恼越来越少的过程。书，终于完成，烦恼少了，快乐多了。希望教育同仁、读者朋友们，与我分享，与我同乐啊！

感谢您的阅读。您要阅读的《教育原来如此美好》这本书，是我的“端然教育”教育文集，是我的教育随笔。随笔，即是人生走到哪，写到哪；做到哪，写到哪；想到哪，写到哪。我所做的是教育，想的是教育，思的是教育，当然随笔写的也就是教育了。

书最初取名《愿景——我的教育之路》，是我对“教育愿景”所爱，所执著的追求，走在实现愿景的路上。

愿景是组织的发展方向、价值取向、文化、管理，包括组织形成的优良传统等。愿景是组织中人们心中令人深受感召的力量，开始时可能只是一个想法、创意，然而一旦发展并获得一个群体的认同和支持时，就不再是一个抽象的东西，人们把它看作是具体存在并且可以实现的。愿景，领导者的精神体系，以现代领导者的精神为价值取向的精神体系；以组织成员的生涯规划为目的的激励体系；以消费者(服务对象)需求为导向的组织结构体系。愿景在组织中一定是每个成员发自内心的意愿，并且只有变成全体组织成员的共同信仰、共同追求，才能产生伟大的力量。因此，愿景是组织里每个成员的信仰。

书中所写，就是我的教育愿景。我每天的所做所为，就是在实践着教育愿景。我喜欢我的愿景，也想与读者朋友分享。

后来，朋友读了我的书稿，建议将书名改为《教育原来如此美好》，他们觉得我的“端然教育”太美好了。书中内容分四部分。其中，“学校的变革会悄然而至”，主要写我们要构建怎样的校园、学校管理与校长的使命、校长的团队建设等。校长们阅读，会有您分享的信息，甚至会有供您参考和借鉴的内容。“校园书卷气”，是写学校文化——师生共同的愿景，还有校长和老师们的阅读。“教育的最优化与学习的最优化”，则向您倾诉了爱学生，爱教育，师德的本质是爱。老师有了爱，才会引导学生学会学习，才会转变困难学生，才会理解孩子们长大不容易，教育才会“润物细无声”，做班主任才会成为学生的人生导师。“教育连通世界”，是把您带到了英国伊顿公学、美国 US 学校和 HB 学校、日本山田高中等外国学校，我们共同浏览发生在域外的教育故事，也可以找寻故事里有哪些值得借鉴的异域教育和他们学生的学习方式。

实际上，书中内容是这样呈现给您的：一是教育要自然化——只有遵循规律才能做好教育；二是教育要人文化——让校园成为师生成长的精神家园；三是教育要国际化——“兼容并包”教育的路会更宽阔。

我的人生无金戈铁马，无商海波澜，只是在探索“端然教育”的路上淡淡地行走着，伴着教育，伴着对教育实践的记录。对教育，我不能说很懂，更不能说特别懂，当教育家也只是一生的梦想。人生，走在教育的路上，培养孩子们健康茁壮成长，感觉很是幸福。记录教育的实践和思考，记录学生们的成长过程，记录与国内外教育同仁们共同做教育的合作，并把这一记录呈现给广大读者，也许是更幸福的事。

书稿小作，是思想在血脉中激情奔流或在思绪中静静吟咏。书，虽非大作，然属“质性自然，非矫厉所得”。书“不要人夸好颜色，只留清气满乾坤”。我亲爱的读者朋友们，尊敬的教育同仁们，您读过此书后，若与我同样也有此幸福感，或与我有些共识，或有些共鸣，我将三生有幸，不枉此写作的辛劳了。

朋友说我过着一种心灵生活，一种情感生活和人类情爱生活。受过欧洲教育或现代知识教育的人，往往是用知识语言思考和说话。我是用心灵说话。人的心灵是精细和敏感的微妙平衡，它不能像坚硬、僵化、严格的仪器。鼠标游走在电脑屏幕上，呈现着心灵的呼唤，字里行间无法掩饰地呈现真的性情。所以，书里有些是用诗的语言在倾诉着教育的故事和人生哲理。

每每想到教育，想到学校，或是面对天真烂漫的孩子们，我便有四围香稻、万顷晴沙、九夏芙蓉、三春杨柳之心旷神怡的喜悦之情，那种心中偶有的几杵疏钟、半江渔火、两行秋雁、一枕清霜便淡淡去了。

非常感谢朱永新教授写的序言，他的溢美之词鼓励了我继续做好教育。

非常感谢江苏凤凰教育出版社的沈静明编辑提出的宝贵修改意见和对本书不辞劳苦的编辑。

教育永远是神圣而崇高的伟大事业。不为积习所弊，不为时尚所惑，我愿继续探索实践真实而伟大的教育，继续走在教育的路上，真诚做人，踏实做事，续写教育，直到永远。

2010年1月于北京海淀三近园

端然教育

端然教育：一种“端正的、本然的”教育。

端然教育：探索教育的真谛，回归教育的本质。

端然教育核心理念：

教育的自然化——只有遵循规律，才能做好教育；

教育的人文化——让校园成为师生成长的精神家园；

教育的国际化——“兼容并包”教育的路会更宽阔。

端然教育核心内容：

爱是教育的底色；

每个孩子都是珍贵的存在；

教育行为的心理学化；

愿景管理，学校发展的长久策略；

以“师生合作”精神为旗帜，师生共同进步；

教育的最优化要转化成学习的最优化。

端然教育态度：

教育需要激情，激情来自于全身心的投入和无私的奉献；

教育需要诗意，诗意来自于浪漫的风格和炽热的情怀；

教育需要机智，机智来自于敏锐的洞悉和准确的把握；

教育需要活力，活力来自于年轻的心态和昂奋的工作；

教育需要恒心，恒心来自于崇高的追求和勤奋的探索；

教育需要创新，创新来自于求变的思维和不变的热情。

端然教育学生观：

1. 教育不能使学生厌恶学习，而应使学生“能被一种不可抵抗的吸引力诱导着去学习”，知识的获得在于求知的意愿。

2. 教育要尊重学生的个性与自由，让学生在教育中同时得到进步和快乐，教学效果是与学生学习时所得到的满足和乐趣成正比的。

3. 教育者应把教育教学过程中学生情绪是否高涨、愉快当作评价教育教学活动的重要标准。

4. 教育主张对儿童“尊重与要求相结合”，对儿童进行“前景教育”，让儿童获得“明日的快乐”，“从简单的原始的满足一直到最高的责任感之中得到快乐”。

5. 现代教育，以“师生合作”精神为旗帜，师生共同成长已经成为一种必然的趋势，教育的最优化要转化成学习的最优化。

6. 大人不要当孩子们的编剧和导演，要当孩子们的观众。

端然教育校训：

厚德、启智、尚美、健康。

厚德——培养学生诚实守信，做品德高尚的人；

启智——开启学生智慧，做追求科学的人；

尚美——点燃学生心灵的火花，做世上最美的人；

健康——壮实体魄，净化心灵，做身心健康的人。

端然教育教学：

1. 教学原则——为学生终身学习发展奠基；

2. 教学目标——发展学生整体素质；

3. 教学关系——民主、合作、互动；

4. 教学过程——主动、生动、活泼；

5. 教学方法——启发、内化、转化、升华；

6. 教学环境——和谐、愉悦、共振；

7. 教学过程——传授知识，养成习惯，培养能力，形成品质；

8. 学风——主动、探究、合作。

端然教育学段教育：

1. 幼儿园：养启结合，以养为主。重点开展“两心、三启蒙”教育。

(1) 两心——爱心、同情心。

(2) 三启蒙——生活启蒙、尚美情趣启蒙、科学启蒙。将教育寓于两心、三启蒙之中。

2. 小学：养教结合，养成为主。重点开展“三心、三趣”教育。

(1) 三心——爱心、同情心、恒心。

(2) 三趣——生活兴趣、尚美兴趣、科学兴趣。将教育寓于三心、三趣之中。

3. 中学：学思结合，自律为主。重点开展“四心、二自、三追求”教育。

(1) 四心——爱心、同情心、恒心、责任心。

(2) 二自——自主、自强。

(3) 三追求——科学追求、尚美追求、创新追求。将教育寓于四心、二自、三追求之中。

端然教育学生自主：

1. 给孩子一个空间，让他自己往前走；

2. 给孩子一个时间，让他自己去安排；

3. 给孩子一定的条件，让他去锻炼；

4. 给孩子设计问题，让他去找答案；

5. 给孩子一个困难，让他去解决；

6. 给孩子一个机遇，让他去抓住；

7. 给孩子设计冲突，让他们去讨论；

8. 给孩子竞争对手，让他们去合作；

9. 给孩子权利，让他们自己去选择；

10. 给孩子出题目，让他们去创造。

端然教育评价学生：

1. 评价是使学生发现自己；

2. 评价是找学生的优点；

3. 评价学生主要是鼓励和表扬；

4. 评价标准是个体参照；

5. 评价宜以模糊为主；

6. 对学生的失败要正确评价；

7. 扩大评价范围；

8. 评价坚持以学生为主体。

第一部分

学校的变革会悄然而至

——自然化：只有遵循规律才能做好教育

校长应该真正干什么

校长应该干什么？有许多校长不止一次问起这个问题，特别是年轻的校长。是啊，校长应该干什么？这是要很好回答的问题。

医院是患者看病的地方。旅店是住宿的地方。饭店是就餐的地方。工业是制造，农业是种田。学校是师生经历生命过程的地方，是孩子们应该健康成长的地方，是老师们应该幸福生活和工作的地方。

孟子说："得天下英才而教育之，三乐也。"这是较早出现的"教育"一词。后人因为理解的不同，对教育众说纷纭。特别是现在，论证教育似春秋演绎。

一般说，教育是培养新生一代准备从事社会生活的整个过程，也是人类文明社会生产经验得以继承发扬的重要环节。教育主要指学校对儿童、少年、青年进行培养的过程。

由于工业文明的影响，人们把制造业中所说的"塑造"往往用在对孩子们的教育活动上。词典里解释"塑造"，一是指用语言文字等艺术手段描写人物形象。例句：这部小说成功地塑造了石油工人的英雄形象。二是指用石膏、黏土等做成人或物的形象。例如：塑造佛像。

学生是有灵性的、有思想的、活生生的生命。生命生长过程如何被塑造？孩子们在学校的成长过程，不是工业的用模式塑造活动，而似农业的禾苗生长过程。

卡尔·雅斯贝尔斯说："教育意味着一棵树摇动另一棵树，一朵云推动另一朵云，一个灵魂唤醒另一个灵魂。"有人说，校长是各级学校的最高管理者，一校之长，负责管理学校的各项事务，对学校的发展有重大责任。其实，唤醒学校灵魂的人是校长，唤醒校长灵魂的人是老师和学生。这就回答了校长应该干什么：校长是学校的灵魂。

"灵魂"，词典里解释为比喻起关键和主导作用的因素，高尚的品格，一般被认为是人类生活之要素，能主宰人类之知觉与活动。从这个意义上讲，校长即是学校的灵魂，就是学校起关键和主导作用的因素，要有高尚的品格。

蔡元培任北大校长时，实施“思想自由，兼容并包”的办学原则。以“学诣为主”，罗致各类学术人才，使北大教师队伍当时出现流派纷呈的局面。当时的北大教师中，《新潮》与《国故》对垒，白话与文言相争，百家争鸣，盛极一时；既集中了许多新文化运动的著名代表人物，也有政治上保守而旧学深沉的学者；有的激进，有的保守，有的主张改良，等等。还有蔡元培“尚自然”、“展个性”的教育思想，对民主、科学、自由、个性的追求，充满了爱国主义激情，在教育实践中表现出不屈从压力、锐意改革、坚守信念的品质，不仅对北京大学的改革，包容博大，规模恢宏，影响深远，而且凸现了他作为杰出教育改革家的远大理想和个性品质，在一代学人心目中的精神表率和大学灵魂形象。蔡元培就是北京大学的灵魂。

1931 年 10 月，梅贻琦出任清华大学校长，开创了清华大学历史上的黄金时代。梅贻琦校长廉洁自律，节资俭用。他以步代车，办公用品节省。清华大学档案室里，至今还保存有他的一些用废纸头起草的公函、报告提纲等。校务管理方面，清华与当年的北京大学、南开大学组成的西南联大办学近九年，在梅贻琦校长领导下，团结一致，亲密无间，内创学术自由之风气，外树民主堡垒之形象，在战乱年代，为国家和民族保存了元气，造就了包括杨振宁、李政道、朱光亚、邓稼先等在内的一大批蜚声中外的著名科学家，卓有成效地完成了自己的历史使命。联大的存在、发展和所取得的成就被公认为是战时教育的奇迹。梅贻琦校长就是西南联大的灵魂。

校长应该干什么？校长是学校的灵魂。

当代著名教育家肖川在他的《做最好的校长》里谈到校长应该扮演好的五种角色：1. 教育的领导者；2. 学校的管理者；3. 学校与家庭、社区间的协调者和沟通者；4. 好的教育者；5. 社会精英。对扮演好上述五种角色，肖川教授给校长们提出了十条建议：1. 促使教师成为反思的实践者；2. 学校应该充满公平与正义；3. 充分尊重和理解教师的感受；4. 形成相互认可、欣赏和支持的团队；5. 形成良好的风气；6. 要赢得学生的理解和信任，赢得家长的支持与配合；7. 集会主题明确，不断深化；8. 用先进的教育思想引领社会和家长；9. 对未来充满信心和喜悦；10. 勇于承认自己的缺点和不足，乐于接受别人的建议、帮助和忠告。这就是肖川教授主张的当代校长。

托德·威特克尔博士是美国印第安纳州立大学教授，美国教职员动机、教师领导艺术和学校领导者效率方面的权威研究者之一，曾在密苏里州多所中学担任校长。他从优秀校长的角度解构学校建设：当面对学校和教师的时候，校长看到的是什么？校长最关注哪些方面？校长如何分配自己的时间和精力？校长在什么指导下做出决策？校长如何做才能取得同样的成功？把握优秀校长的核心信念并用此指导自己的实践，这将有助于步入优秀校长的行列。校长们因何而出色？最高效能的校长关注什么？回答是：人是关键，校长应每时每刻尊重每一个人，包括老师，也包括学生。

校长应该干什么？

校长应是教育家。教育家要懂得教育，要热爱教育，要爱孩子们，要爱护老师，要爱惜人才。

校长应是读书人。只有拥有对人类发展的透彻领悟，才能真正懂得教育。校长要"读万卷书，行万里路"。校长要有读书的习惯，博览群书，开阔视野；要有厚重的文化底蕴。

校长应是外交家。校长要善于合作。在全球经济一体化、社会生活网络化、学习终身化的现代社会，校长要善于开展教育外交，要与国内外学校交流合作。

校长应是做人的榜样。校长是学校的灵魂，在校园里的一举一动、举手投足、有意无意，都在被师生们关注。无论承认与否，校长都会是楷模。

校长应该干什么？校长的生命与学校融在一起，与师生融在一起。

我们要构建怎样的校园

我们要构建怎样的校园，是每位校长都在思考、都在实践、都在不断创新着的事情。

校园应是文化的载体，是课程的载体，是生命的载体。校园是学生生命的乐园，是让生命充盈着灵气、智慧、活力、激情和探险的地方。校园是人与人感情交流的精神家园。校园是师生生命生长的过程。这些在现在的一些校园还难以呈现，因此，需要重构校园。

校园需要重构

多年来我们校园的形成，有农业社会思想的影响，有工业文明背景下形成的规范。城、镇校园多数是教学楼、实验楼（或科技楼）、行政楼、图书馆等。楼型多为一字形。楼里排列一个个几乎是整齐划一的教室。教室里学生课桌面向黑板，老师面向学生讲课。实验室几十年没有变化，物理、化学、生物等实验反复做着验证性实验。借书到图书馆、看书到阅览室是天经地义，没人质疑。教学区、运动区、生活区，被清晰划分。校园越来越大，几千学生，有的学生读三年书，除大会听报告外，很难有机会与校长说上一句话。这是我们上过学的人再熟悉不过的场景。现在的校园基本上是传统教学模式的产物，有着典型农业文明的痕迹，是典型工业经济模式下的产物，有悖于网络时代的现代教育，有悖于知识社会时代特征，不利于在人与人交流过程中成长的学生的交流、学习、生活、成长。

校园应有利于学生的生活世界，有利于学生的生命价值，有利于学生的生存方式，有利于学生的心理世界，有利于学生群体的独有文化，有利于学生的生活状态。校园应以人与人的情感交流，以物的为人方便使用，以让学生享受更多的教育资源，来达成上述“有利于”的目标。这些有利于如经由校园给予学生，则必然要对传统校园进行重构。

重构的校园是学生生活、成长的地方，是教师终生学习、工作的地方，所以应突出学习环境。人与人交流的人文环境，让教师、学生向往，终生难忘，流连忘返。

我们应构建思想校园、精神家园、人文校园，让校园有书卷气，有区域性。

建设人文校园

我们教育人追求教育理想与民族理想的和谐统一，追求人的自身发展和社会需求的和谐统一。

欧洲文艺复兴以后，夸美纽斯认为教育不能使学生厌恶学习，而应使学生“能被一种不可抵抗的吸引力诱导着去学习”。知识的获得在于求知的志愿。19 世纪末，卢梭提出教育要尊重学生的个性与自由，让学生在教育中同时得到进步和快乐。斯宾塞主张，教学效果是与学生学习时所得到的满足和乐趣成正比的，教育者应把教育教学过程中学生情绪是否高涨、愉快当作评价教育教学活动的重要标准。马卡连柯主张对儿童“尊重与要求相结合”，对儿童进行“前景教育”，让儿童获得“明日的快乐”，“从简单的原始的满足一直到最高的责任感之中得到快乐”。

校园是读书的地方，应是学生教师幸福生活的地方；校园是传承文化、发展文化的地方；校园是精神家园，是人与人感情交流的地方；校园是孩子们生命价值提升的地方；校园是和谐的统一体，人与人的和谐，人与自然的和谐；校园应使孩子们养成一生受用的良好习惯，让习惯形成品质，让习惯提升智慧。

校园置身于现代社会。现代化是数字化、市场经济、民主政治、公民社会、个人权利充分发挥的过程，学校应有这种价值。

课程在重构，课堂在重构，教师的上课方式在改变，学生的学习方式在改变。我们的校园适应吗？校园里的区域适宜吗？教学楼合适吗？教室可以吗？

建设书卷气校园

书卷气的校园，有文化品位，有厚重的文化底蕴，体现人文氛围。书卷气的校园会方便学生、教师学习，为教师工作、学生发展提供空间。我们多么希望校园有自然气息。设想一个满是自然气息的校园，一定是百花争艳，运动场绿草如茵，甬路旁树木葱郁，亭台水榭交相辉映，小桥流水，鱼翔鸟语。生活在这样的校园里的师生一定会身心健康，人际关系也会和谐。中国人喜欢饮茶，“茶”字在人上有草，人下有木，中间是人。这是否意味着人就融在大自然之中？当我们走进清华园、中国海洋大学等校园会有如此感觉。在建筑风格上，楼宇应通透、简捷、明快、适用，应俭朴大气，便于人与人的交流。

图书馆是为师生提供大量的书籍资料和广阔的知识背景的地方。假若图书馆不在固定地点，而在教室，在楼层，在走廊，在办公室，在宿舍，在餐厅，在流动车上，在校园的很多地方。学生、教师读书不用去很远的图书馆借书，而是随时随地能拿到书，实现师生与图书零距离。与书零距离便于学生学习，勤于动手收集处理信息。师生阅读可以随时发生，如此便利读书的校园一定为所有师生向往。真正实现校园是学习的组织，学习的大观园。电子图书在校园多处可见，学生有自主选择阅览的自由，并能很方便地接触电子图书，随处触摸阅览。

校园里的文化长廊，有唐诗、宋词，有名家名篇，让你走入文化，走入历史。欧陆风格的展墙上英语、法语、俄语、意大利画会引领学生走入欧洲，走近西方文化。

科技馆里有科技发展史、科学家介绍、前沿科技成果、诺贝尔奖获得者简介、重大科学成果说明等等。自然科学、社会科学、心理学等知识让学生开阔视野。把人类社会的发展从农业文明走向工业文明，又进入知识经济时代的足迹呈现给学生，使其受到启迪。

地质宫里的地图，地球仪，地壳、地幔、地球切面，海洋、大气图，气流，瀑布，并点缀有飞禽、走兽等，会让学生不仅领略到知识，还会深深热爱这个地球。

天文馆里的星云图、天文望远镜、人造卫星模型、航天展等让学生无限遐想。

艺术馆里的琴、棋、书、画等，令学生陶醉，进而爱好。

中国文化教育馆。我们中华民族悠久的历史，蕴含了灿烂的文化，博大精深。中国文化不仅有景泰蓝、宣纸、武术等使用文化；有古琴、书法、建筑等艺术文化；更重要的是有儒家精神、道家思想、“辨证施治”的思维方式等核心思想文化。文化的载体是人，中国文化体现了对人的包容和关怀；体现了退一步海阔天空，不要把事做绝的思想；体现了把人看作全息的、和谐的系统。中国文化不仅影响着世代中国人，也在积极地影响着世界，特别是现在。对中国文化，我们要弘扬、传承，更要面向世界宣传。中国文化教育馆里的中国文化一定会对我们的教师学生产生积极的影响。

还可以有生态室，体现生态圈、环境保护。有经济馆、人文馆、收集室——学生收藏天文、地理、经济、政治、环保等方面资料，以不同方式呈现，保存于馆内等等。

传统意义上的教室实际上是学生学习的地方，应叫“学室”更佳。学室里有多媒体，有图书墙。学生围着椭圆形或不同形状桌子而坐。打破教师同学生面对面形式，更有利于师生平等交流。也可有综合学室、多功能学室，体现多用途。

实验室格局要变化。实验设备不再是演示设备，很多是半成品——营造有利于学生探索学习的条件和氛围。

建设多区域校园

学校教育是通过人与人交流来实现的，所以校园适宜小而精或区域化。

校园如何设计？教学楼如何设计？作为学生学习场所的学室如何设计？校园设计首先考虑便于人与人交流，然后是成本效益、实用效益。校园建设不走大而全之路，小而精更适宜。学校若人多，则可以实施区域化。

考虑建多功能楼、多功能厅、多功能室。如餐厅——阅览室兼用。

成本考虑，如用几百万元人民币建有塑胶跑道的运动场大可不必。几百万元在学校能办很多事，如买图书、计算机、多媒体，做知识展墙，进行校园的绿化美化等。

校园，一是能充分体现课程内容的呈现方式，体现学生的学习方式。让学习时空变革，围绕学生自主学习、自主探索而呈现。校园体现教师的教研方式、教学方式，体现师生互动方式，实现学生与书零距离，与电脑零距离，与实验零距离，与知识零距离。二是便于人与人的交流，即师生的交流。以我的经历，一个 3 000 名学生或 2 500 名学生的中学，有的学生在学校读三年书，除大会时听校长讲话外，根本没同校长单独交流过，没有近距离体会过校长的人文关怀。对主张办几千人或万人规模的中学，我不敢苟同，我想也难以实现真正意义上的教育。

鲁丁斯（哈佛大学原校长）认为教育不仅仅是传授知识，教育本质上是人文过程，是要人与人实际交流的。三年，一位校长能记住多少学生，能熟悉多少学生，500 或 800？三年，校长能直接与学生面对面交流，直接对学生人文关怀，有几人能获得，500 或 800？我想中学校规模是否就确定在 500 或 800 学生。在我国目前如此小的中学规模，可能不现实。那么，为学生学习方便，人与人交流方便，可以把学校分成若干个教学区域。每个区域学生不能太多，500 至 800 人左右为宜。若 2 000 多名学生的中学，则分成三个教学区域。较小的群体和相对较小的环境便于师生交流协作。改变过去教学楼、实验楼、科技楼、图书楼单设，不方便学生学习，不利于人与人交流的布局。一个教学区域是相对独立的“小学校”，兼有教学、实验、阅览、运动、就餐、住宿等。如，一所高中有 45 个教学班，若分成三个区域，则每个区域高一、高二、高三都有。

新高中学校发展应不超过 1 000 人或 1 500 人为宜。这样一来校内课程资源会充分利用，师生合作、对话、探究的新课程文化会得以实现。学生的亲身体验、研究性学习的设想会变成现实，真正意义上的人文关怀会实现。

建设数字化校园

我们生活在网络之中，网络在我们生活之中。社会在数字化，生活在数字化。校园应该，也必须率先数字化。

一支粉笔、一本书、一块黑板即能教学的时代已经结束。教师上课满堂灌、一言堂的时代一定要结束。取而代之的是说课教学与媒体教学的结合；实验教学与媒体教学的结合；书中索取知识与网上索取知识的结合；图书阅读与电子阅读相结合；室内学习与走向社会探索学习相结合。

为学生减负，是多年的热点话题。怎么减？高考改革，当然要；降低知识难度，减少知识量，也要。我想更重要的是教学数字化，只有数字化，才能集约化，才能实现减负。

庄子在几千年前就曾说，“吾生也有涯，而知也无涯”。毛泽东在20世纪30年代谈到教学改革时提出“为事无域，人生有程”。解决学生“减负”的办法是知识的集约化，即实现教学的数字化。

数字化是实现教学的现代化。现代化教学手段是提高学习效率、减轻学生负担的有效途径。如同类型数学题，在电脑里点出其典型题即可，这样既减轻教师备课负担，又减轻学生题海战术之负担。当然大量阅读之后知识的积累，特别是从历史积累的文化中汲取知识不可忽视，此是另一话题。

数字化更重要的在于满足学生自身发展需要，培养学生适应社会发展，形成创新精神和实践能力。开展研究性学习，使现代技术在学习上得到应用，增强学生获取信息和处理信息的能力。

新一轮课程改革，构建了重基础、多样化、有层次、综合性的课程结构，新增“综合实践活动”和“研究性学习”。这是学生学习方式的改变，为学生发展个性、走向自立提供了一个良好平台，实现要靠数字化。

适合学生发展的学校才是最好的学校，也是有生命力的学校。学校为学生发展创造环境，创造愉快合作的学习环境，友爱融洽的人际环境，多彩自主的生活环境和优秀文明的校园环境。教师做到课堂妙趣横生，笔下文采飞扬，嘴里妙语连珠，鼠标点击七彩人生。

在这样的校园里学习生活，学生、教师身上会体现出科学素养与人文精神，全面发展与个性特长，国际视野与民族旗帜，现代精神与中国文化。

愿景管理：学校发展的长久策略

一

如何管理学校，才能取得办学效益的最大化、育人效益的最大化，使学校长久发展下去，成为百年老校？每位校长都在不断思考，不断实践，不断总结着。愿景管理是学校发展的长久策略。

许多校长都在追求把学校做大，做强。我想做久最重要，也是最有价值的。想做久，就必须从做久考虑问题。学校愿景管理最适宜把学校做久，特别是在许多人急功近利、浮躁时。

愿景，组织的发展方向、价值取向、文化、管理，包括组织形成的优良传统等。愿景是组织中人们心中令人深受感召的力量，开始时可能只是一个想法、创意，然而一旦发展并获得一个群体的认同和支持时，就不再是一个抽象的东西，人们把它看作是具体存在并且可以实现的。

愿景，领导者的精神体系，以现代领导者的精神为价值取向的精神体系；以组织成员的生涯规划为目的的激励体系；以消费者（服务对象）需求为导向的组织结构体系。

愿景在组织中一定是每个成员发自内心的意愿，并且只有变成全体组织成员的共同信仰、共同追求时才能产生伟大的力量。因此，组织必须把愿景变成每个成员的信仰，愿景才能实现。

二

愿景管理是组织确立以群体共同追求的信仰、价值、文化和形成的传统，来凝聚组织成员。愿景管理强调的是引导，而不是控制；强调的是效益，而不是效率；强调的是个体在团体中的主观能动作用，发挥的是人的主观能动性，从而共同实现大家共同追求的目标。

在愿景管理下，组织或团队中各种元素在一种信仰的引导下产生互动，有助于生成信念和智慧，让组织中的人员感受到思想的解放所带来的创造激情的充分涌流，从而爆发出强大的生产力。

愿景在学校应该是办学理念、学校文化、课程构建、育人模式、学校管理，特别是学校的优良传统校风等等。

当代教师工作的特殊性是追求自主、创造性、特殊的价值观、团队精神。老师们除了满足一般的物质要求外，都会有更高的事业追求、精神追求。这是由教育工作的属性所决定的。

我们的学校植根于社会现代化进程之中。现代社会的特征是教育信息化、趋同化，学习终身化，经济全球化。在这样的背景下，对学校而言，这个组织中每个人的智慧比资本，比生产资料，比发达的肌肉或是灵巧的双手都更为重要。我们很多管理者多年在管理上所使用的为体力劳动所设计的一套监控系统，对脑力劳动者教师来说，是不适宜或不完全适宜的。教师智慧在学校教育教学上的全部涌流与他们同学校教育愿景的认同度有关，与学校采用什么样的管理模式有关。

三

教育是神圣而崇高的，教育的伟大使命是让孩子们从无知走向睿智，从幼稚走向成熟。教师的职业特点决定了他们追求教育理想与民族理想的和谐统一，追求人的自身发展和社会需求的和谐统一。教师的教育理想、职业愿景的实现以学校教育愿景为前提，以学校愿景管理为承载。

教育需要激情，需要教师对教育全身心的投入和无私的奉献；教育需要智慧，需要教师在个体劳动（教育教学活动）中发挥出的智慧；教育需要活力、恒心和炽热的情怀，对教育的追求和探索，对教育的不断创新，对教育求变的思维和不变的热情；教育需要效益——育人效益，为民族的伟大复兴而培养人才的效益，而不是界限分明的质量和数量标准。教育的如此需要存在于教师的品格之中,智慧之中,学识之中,奉献之中,对学生的爱之中。学校教育的这些需要靠简单的管理和制度是得不来的,应孕育在学校愿景管理之中。

在传统的对知识分子人事管理中所犯的最基本的错误是哲学层面上的,管理者首先假设人们不愿工作,因此必须被操纵着去工作。从哲学的角度讲,人们不但愿意工作,而且希望从中取得成就,巨大成就。而作为知识分子的教师对教育事业终生追求和育人中的贡献,往往难以用眼前的工作质量和数量来评价。

在"物竞天择、适者生存"思想指导下,企业管理形成的管理机制和规章制度,如量化管理、人事制度的末位淘汰等,对学校教师不一定适宜或不完全适宜。

国家教育的发展是学校教育的大愿景。五千年的文明史决定了中国人的办事意识及行为习惯,也必然决定中国教育的发展路径。中国教育只有立足中国,面向现代化,面向世界,面向未来,才会在世界文明发展进程中有所作为。中国教育的最大任务还是为最广大人民群众的根本利益服务,为发展先进的生产力服务,为实现先进的文化服务。我想这就是中国教育的发展方向,中国教育发展应该是背靠五千年,实现"三个面向",落实"三个代表"——教育大愿景。

每个学校在教育共同愿景下,应有本学校的发展愿景。学校愿景一定是在教育共同愿景前提范围内,学校愿景应该是全体教师共同的价值、学校文化和优秀传统的结合体。学校愿景体现在学校的办学理念、管理体制、课程、管理等之中,落实在学校的计划之中,实施在教师的课堂教学之中、育人活动之中。

学校文化是学校愿景的主要内容。学校文化是对学校老师们的行为方式具有约束或影响作用的价值观念的总和,主要指学校通过相对稳定的管理和教学所形成的,对全体师生的态度、思维及活动方式具有规范作用的价值观和行为准则。

学校既有在多年办学过程中积淀的优秀文化传统所形成的惯性对学

校发展的积极影响，又必须建立一种崇尚变革的学校文化，才会使学校不断更新和持续发展。

随着优秀文化传统影响和崇尚变革的学校文化价值观念逐步被接受，教师必然由个体到群体逐渐开始调整自身的教育行为方式，学校的变革便会悄然而至。这就是愿景管理的魅力所在。

学校愿景管理是把管理者的工作由监控下属，变成与下属一道为共同的愿景去奋斗，让他们在学校愿景旗帜下，依靠自己的智慧和对教育的执著而不是管理层的压力或众多的规章制度去完成工作；提倡每个人自我评估，而不是由外人来评估和控制。

学校领导者是学校生命力的载体，他的责任就是创造一个超过其各个部分总和的真正的整体，而这只能在精神领域才能成为可能，它要求领导者成为精神上的点金术大师。学校领导者最主要的工作不是去研究管理技巧，而应该去研究创造与控制这些管理技巧的东西，这就是学校领导的精神体系——愿景。

学校领导者必须懂得，物质上的激励机制对教师的作用仅能维持达到自己的短期目标，如果用反复强调学校发展宗旨——愿景的方法取而代之，使教职员工理解他们的贡献对教育事业是多么的重要，那么学校所得到的将是为学校感到自豪、愿为学校教育事业多做贡献的奉献精神。

四

愿景管理是比制度管理更重要的战略领导。学校领导要善于凝聚，要把大家心灵深处的共同的意象挖掘出来，善于把特级教师、高级教师、优秀班主任等多年积累的教育教学经验进行凝聚，善于把老师们的奉献精神、教学风格凝聚，凝聚成学校文化，进一步构建学校共同愿景。这一路径的特点是“从群众中来，到群众中去”的群众路线，它更适用于现代社会体现组织成员同质性很强又积极面向未来的学校组织。

学校愿景管理，校长是关键人物。校长建立学校共同愿景是以校长个人愿景建立学校共同愿景。从个人愿景建立共同愿景，并不意味着一定从组织最高首领的个人愿景到组织的共同愿景。也可以借助于前辈，还可以借助于外部。但通常情况下，基于一个组织的领导者的地位和作用，共同愿景的构建常见的情况确实一般是从决策核心层的人即校长发起的。特别是那些希望构建共同愿景，而从前没有共同愿景或不注重共同愿景构建的学校，尤其是这样。这里的关键是校长要把个人愿景变成学校全体教师的共同愿景。

建立共同愿景不能靠行政命令，不能靠规定，只能靠周而复始的凝聚、宣传、沟通和分享。任何强迫和勉强性的举措可能都会适得其反。建立共同愿景不是对解决在管理层面上某一具体问题的回答，也不是一种形式性的东西，而是必须由组织中各级管理者和全体教职员工全过程、全方位、全方法、全面地将共同愿景贯彻落实在教育教学的各个方面、各个环节之中。

建立共同愿景也不是一蹴而就的工程，它的建立和完善需要细致的工作和漫长的过程。在这个过程中，“愿景”还必须得到“使命”的支持。愿景解决的问题是我们要创造什么，它往往是一种相对宏观和抽象，又需要长期的奋斗才能接近或实现的目标。而使命解决的关键问题是如何创造和实现。所以使命既可以说是实现愿景的关键步骤或手段，又可以说是组织实现愿景的现实的总目标，富有挑战性而且明确的基本任务。使命也是组织成立的目的和存在的原因。使命对于愿景来说格外重要，没有使命支持的愿景往往成为水中月、镜中花。广大教师对教育事业的使命感，对学校发展的使命感，对培养人才的使命感，是实现学校愿景的真正动力。

当校长的15种感受

教育是神圣而崇高的。教育的伟大使命是让人们从无知走向睿智，从幼稚走向成熟。校长应是学校神圣而崇高教育的灵魂，是引领学生从无知走向睿智、从幼稚走向成熟的导师。

人们常说，有一位好校长，就有一所好学校，有许多实践案例在印证着这一道理。好校长办出好学校的例子不胜枚举，蔡元培校长对北京大学的贡献，陶行知校长创建了非常有特色的晓庄师范学校，魏书生在盘锦高中任校长时的作为，苏联苏霍姆林斯基是在校长岗位上成为世界著名的教育家的。蔡元培、陶行知都是我国近代教育家，还有苏霍姆林斯基，他们都是大师。魏书生是教育改革家。而我们全国有那么多中小学校校长，他们如何来管理学校？笔者就近20年的校长岗位工作阅历谈点体会。

校长管理学校，引领学校前进发展，当然因素很多，方法很多，仁者见仁，智者见智。我认为在学校，大师比大楼重要，校长应该是大师，在人格上，在学识上。然而大师非一日之功。校长应以自己的人格魅力、渊博学识积极影响学校，以对人类社会发展的领悟，审时度势，健康把握学校发展，以对教育的热爱执著，设愿景引领学校。

校长要影响学校

校长的风格气质，情绪智商，即“五觉”，视觉、听觉、触觉、味觉、嗅觉；“六欲”，求生欲、求知欲、表达欲、表现欲、舒适欲、情欲等；“七情”，喜、怒、哀、乐、悲、恐、惊等情绪状态；“八方和合”，和是和平、和睦、和善，合是合作、融合、志同道合等；校长的一举手，一投足，一言一行，甚至校长的着装、发型、爱好、走路姿势，都在影响着学校，影响着师生员工。所以，校长不仅是自己的、家人的，更是学校的、全校师生员工的。

校长高尚的情操，丰厚的文化底蕴，执著的工作态度，卓越的工作能力；校长对祖国的感恩，对事业的为善，对教师的宽容，对同事的合作，无不构成对学校的主要影响。

校长对教育的激情，对教育全身心的投入和无私的奉献；校长对教育敏锐的洞悉和准确的把握；校长对教育的活力、恒心，对教育的追求和探索；校长对教育炽热的情怀；校长对教育的创新，对教育求变的思维和不变的热情，无不影响着教育，影响着学校，影响着师生员工。

校长要有修炼，自我超越，改善心智模式，设立共同愿景，组织团队学习，善于系统思考。校长要有怒不形，遇喜不亢，临危不惧，处变不惊，中和为贵，清淡致远。什么时候顺情理，什么时候顺事理，该理智的时候理智，该动情的时候动情，校长要适度把握；何时进，何时退，何时偏左，何时偏右，校长完全要感觉好。这样，校长才会对学校形成积极的影响。

校长们应学李嘉诚管理，坚守诺言。决策前，开阔胸襟，统筹全局；决策后则义无反顾。政策的实施沉稳持重。李嘉诚这一决策风格引领其集团勇往直前，并把事业做大，做持久。

校长要把握学校

我曾去过成都武侯祠。武侯祠有一副“攻心”楹联，上联是“能攻心则反侧自消，从古知兵非好战”；下联是“不审势即宽严皆误，后来治蜀要深思”。毛泽东主席非常欣赏此楹联，并号召大家学习。校长处理学校的事情，出台规章制度，都要审时度势。规章制度是中性的，何时出台，用在何处，完全在于审时度势，否则宽严皆误，事与愿违。

学校是一艘航船，校长无疑是舵手。校长每天都在处理事情，有小事，有大事，有常年中心工作，有阶段性重要事情。校长们视轻重缓急，视远近左右，都要把握度；什么时候扬，什么时候抑，都要审时度势；什么时候考虑公平，什么时候考虑效率都要有法可依，有章可循。

管理学上有个说法，叫“失重思维”。地球上植物的生长条件有哪些要素，一般说，有阳光、雨露、空气三要素。其实，植物生长的重要前提是地心引力。植物发芽先出根，因地心的引力而扎到土里，相反方向再出芽；若失去地心引力，则植物即便有阳光、雨露、空气三要素也不能生长，而为失重。它提醒我们校长们考虑问题，处理学校事情，首先考虑大前提。大前提错了，其他还能对吗？

校长们管理学校，是八仙过海，各显其能。有的校长善于用规章制度管理；有的校长则实施达尔文适者生存理论，用末位淘汰办法；而有的校长却是，营造积极的校风，让大家有一种精神；还有的校长主张，张扬每个人的个性，因为社会的进步从根本上说是通过每个人的个性体现的。我非常欣赏校长们把先祖留下的中国儒家情感式管理放在首位，即感情管理，这一点尤为重要。上述运用于学校管理的章法各异，各有千秋，综合运用为宜，且把握适度。学校出台政策，实施管理办法，应把握学校的大势是否适宜，时间、地点、事件是否适宜，否则宽严皆误。

校长处理事情可以借鉴书法规则。书法叫五墨，即满而不塞，疏而不漏，浓淡相宜，干湿得法，深浅有度，刚柔相济。书法如此，做人何不如此，管理当也如此。

学校利益分配，往往难为校长们。集体利益，个人利益，眼前利益，长远利益。校长应把握绝大多数人的利益是最高利益这一马克思主义基本原则，也是人类社会发展中的基本分配原则，来处理学校利益分配。

有一则小故事。一先生要外出，恐其小孩自己在家有事，便将一世界地图撕成若干小块，让小孩拼图而消磨时间。没等先生走出家门，小孩图已拼成。先生惊讶。原来地图背面是一人像，小孩按人像很快将图拼成。小孩对爸爸说，人对了，世界不会错。是呵，连小孩子都懂得的道理，人对了，世界就不会错。校长用人特别重要。人对了，事就不会错。

海尔赛马不相马，在过程之中成长，识别。他们先创品牌队伍，再创品牌产品。比尔·盖茨对下属用潜移默化、春风化雨式管理。他修炼学习型组织。他的“3p”用人观，即择人任事，用人得当，人尽其才。李嘉诚信赖下属，了解下属的希望，给下属树高效榜样，开会讨论问题提前通知准备好材料。管理是相通的，他们的做法，都注重对人的培养，校长们应该借鉴。

成功的校长是在正确的时间，正确的地点，做着正确的事情。成功的校长有足够肚量去容忍那些不能改变的事，有足够的勇气去改变那些能够改变的事，有足够的智慧去区别上述两种事。

乱世用奇，治世用正。以奇始，以正合，始终是不变的道。校长把握学校是否也如是考虑，但以不能乱用为佳。

校长要引领学校

校长实施愿景管理。学校愿景即学校的办学思想、发展方向、学校文化、学校管理等。愿景只有变成全体教职员工的共同理想和追求，才能产生巨大的力量。学校必须把愿景变成每个教职员工的行为追求，愿景管理才能实现。愿景在学校是把校长的工作由监控下属，变成与下属一道为共同的愿景（办学目标、育人目标）去奋斗，让他们依靠自己的主动性，而不是管理层的压力去完成工作；提倡每个人自我评估，而不是由外人来评估和控制。

愿景管理，强调的是引导，而不是控制；强调的是效益，而不是效率；强调的是个体在团体中的能动作用，发挥的是人的主观能动性。

在愿景管理下，学校各种元素在一种信仰的引导下产生互动，从而爆发出强大的生产力。

传统领导：开发自然资源。现代领导：发挥人的创造力。

校长实行激励原则。信仰激励，让学校的教育思想、发展前景，成为大家共同的信仰；事业激励，为教师设计发展生涯，为他们提供发展平台；物质激励，学校实行既要考虑“效率”又要考虑“公平”的分配机制。

校长实施积极的评价。20世纪80年代以来，评价进入了结果认同时期，进入了“个体化评价时期”，被评价者最大限度地接受评价结果，就是评价的最大效益。评价时协商、沟通、理解、让步、合作、提升，面对个体化——因人掌握。

当前我们教育评价的特点是，缺少全人教育评价。评价主体、评价方式与方法“量化”多，“质性”少。

新课程倡导发展性评价，综合性评价，科学性评价，过程性评价，创新性评价。这些都是以“人”为出发点，促进个体和谐发展。

评价：须关注个体的处境与需要，须促进个体价值的实现，须激发人的主体精神。

评价应更多的是过程，是改进，是教育；少一些终结性评价。

校长实行文化管理。学校文化是对学校各类人员的行为方式具有约束或影响作用的价值观念的总和。主要指学校通过相对稳定的管理和教学所形成的，对全体师生的态度、思维及活动方式具有规范作用的价值观和行为准则。学校要建立一种崇尚变革的学校文化。唯有创设崇尚变革的学校文化，才会带来不断更新和持续发展。随着崇尚变革的价值观念逐步被接受，教师必然由个体到群体逐渐开始调整自身的教育行为方式，学校的变革便会悄然而至。

学校文化应内含于学校的教育思想、教育观念、课程、学校管理、名言警句、教具学具及校园建设等之中。

学校文化中的校训、校歌、校徽、校旗等不可小视。好的校训能影响几代人，好的校歌，学生能唱一生。这些势必感染、熏陶、影响、同化着师生，这就是学校文化。健康的学校文化，一旦形成，是学校的无价之宝，是校长的无价之宝。

校长，您应该建立什么样的团队？

学校要可持续发展，创办百年名校，建立优秀的教师团队最重要。

我们很大程度上在用农业社会思想，工业文明集约化经营的方式，面对现代化社会在教学，在管理学校。因此，我们的校长们、老师们就必然会有许多困惑。

在现代社会，创办现代化的学校，校长应该建立什么样的团队呢？

首先是校长的自我建立

从心理学角度谈，人管住自己最难。人在管自己的诸多方面中，管住自己的情绪最难。一位优秀校长应是管理情绪的高手。任何一个人在做事业时，都会受到三大因素影响，即行为、思维和情绪。而情绪最为重要。优秀校长一定要管好自己的情绪。只有先处理好心情，才能处理好事情。进而校长要善于调动团队的情绪。掌控了情绪，几乎就掌控了结果。

校长的感召力在诸多管理力中是最大的力。一般来说领导对下属总是习惯于教育，说服。而事实上，优秀领导一般不是靠说服、教育来管理，而主要是靠感召。感召力是通过你的语言、行为、情绪及内在感觉等全方位辐射出去的。校长的信守承诺、敢于认错、实事求是、鼓励、关爱、信任、支持等都是非常具有感召力的。因此，校长传出去什么样的信息，团队就会有什么样的回应。所以，校长想带出什么样的团队，则自己必须先变成那样的人。

校长应是读书的典范。校长以其孜孜不倦的读书，进而影响老师们的阅读，进而使学校成为书香校园。读书是学校师生的第一需要。读什么？古今中外的书籍都应读。既读适趣闲文，又读理治之作。书读来，有的让你心动，有的让你顿悟，有的是你运筹谋划学校的高参，有的是你烦躁时的静水，有的是你突破时的动力，有的是你迷茫时的智慧，而更多的是慢慢积累，慢慢品尝，久而久之你会厚重起来，你会真正成为文化大师。

校长要善于沟通。现代社会是网络社会、信息社会，沟通就特别重要。校长要进行五个方面的沟通：沟通上级组织，沟通校长班子成员，沟通学校教师，沟通社会，沟通家长。

这是校长的自我建立，也是建立不败教师团队的首要因素。

第二是校长组建他的领导团队架构

建立团队，校长必须明白这样的概念：优秀的团队成员，在做小事业上是追求出来的，而干大事业则一定是吸引来的。也就是说，校长要创办出优秀学校、百年老校，一定要吸引一批优秀人才。优秀团队成员当然应该是最好的，而更重要的是最适宜的。

必须明确每个团队成员在团队中的定位及相应的权利和义务，这是管理中的重要前提，否则团队就是乌合之众。

校长是团队的决策者、指挥者，也是团队的精神支柱。校长应有的特质：具有准确的判断能力（把握学校的发展方向），有钢铁般的意志，勇于承担团队所犯下的任何错误。校长应建立这样的观念：去引领团队，引领团队成员的思维，而非去看管团队的行为。

中层：是团队领袖决策的坚决执行人。他们必须拥有这样几个特质：能准确理解校长的办学思想和具体办事意图，有非常棒的执行力，有非常善于沟通的能力，敢于承担责任，能够控制和调整自己的情绪。中层应建立这样的观念：深刻了解自己该做什么，学会站在校长和老师的立场上思考问题，一定全心全意为教师服务，为学生服务。

基层（教师）：他们是团队的基石。没有他们做稳固的基石，就没有漂亮的高楼大厦——学校。教师是把校长的思想传递给学生的第一人，是学生在学校得到师爱的永远的第一人。只有一大批大师级优秀教师，才谈得上培养出优秀人才，才谈得上学校的持续发展，才谈得上办百年学校，才会是不败的团队。正所谓，大师比大楼重要。基层（老师）应建立这样的观念：忠于教育事业，永远热爱学生，与学校有共同的愿景。教师最重要的是用生命去拥抱教育，拥抱课堂教学，拥抱学生。

第三是建立团队的游戏规则

教师作为一种专业化的职业，其专业化特征表现为独立的知识系统、特定的能力要求、特殊的伦理标准和人格要求等。我们的老师们要有这样的价值取向。

在校长团队中，校长最重要的是关注教师，现在的教师在职业进程中遇到了许多困惑和压力，如社会转型期的新旧观念的撞击、东西方文化的融合、传统和现代教育的冲突等等。诸如“老师感觉工作忙忙碌碌却没什么长进”，“学生上课没规矩，是尊重孩子，还是放纵孩子？”，“与学习学科知识相比,学生更喜欢活动”,“学生全面发展”与“追求学业成绩”之间的矛盾,“先进的理念与落实在环节中”的困惑,等等,这些都需要校长给予疏导。家长对学生学业成绩的要求,是无法回避的巨大市场压力;日趋激烈的外部竞争,是必须面对的行业环境。如学校过分追求效率,使得办学行为急躁;生源质量因素使得理念推行受到牵制;管理设计的问题降低了运作效率;教师从业状态,制约了理念的推行。

第四是运作

当然办学理念很重要,而现在的学校都不缺少教育理念,有的甚至非常先进。我认为重要的是校长及他的团队如何面对教育当前的问题。只有善于解决问题才是永远不败、不断进取的校长团队。

教育的问题是什么?教育活动本来具有很大的不确定性和复杂性,而社会上要求我们的学校和教师不断地创新,但同时又不容忍一丝一毫的风险和可能的失误。我们的学校和教师很大程度上已经被社会舆论绑住了手脚。

大科学家爱因斯坦曾讽刺地说过:“人们为了考试,不论愿意与否都得把课本上所有的东西塞进自己的脑袋,认为用强制与责任感就能增进观察和探索的乐趣,那是一种严重的错误。”在“考试第一”的制度下,教师们努力把学生“训练”成为解决考卷上问题的“技工”是很悲哀的。

怎样才能消除这种对抗,纠正教育偏差?这需要我们的校长和他的团队将教育返璞归真。《学记》中说:“故君子之教谕也,道而弗牵,强而弗抑,开而弗达。道而弗牵则和,强而弗抑则易,开而弗达则思。和易以思,可谓善谕矣。”其意是:君子的教育是晓谕别人,加以引导而不强制,勉励人学习又不使之压抑,加以启发又不直接告诉结论。引导而不强制就会关系融洽可亲,勉励学习而不使之压抑就会平易近人,加以启发而不必全部说出就会使人能够思考。融洽可亲、平易近人,这才算是善于晓谕别人。我想这就是教育的本质。

教育要为孩子一生的发展负责,不能简单地追求阶段性的功利;要把对儿童的人文关怀渗透到教育的每个环节，唤醒儿童的生命感和价值感，为孩子未来的发展奠定基础。教育以人生目的、人生理想、人生意义为核心，延伸到知识、道德的审美，必须重视知识的传授和智慧的开启，重视身心的培育和人生境界的润泽与点化。教育的全部中心应该是引导儿童构建三种认识，唤醒儿童"自我"意识；教育要保护孩子的成长资源，即健康的身体、好奇心、求知欲、自主性、自尊和自信、探索精神——让孩子可持续发展。

要用正面的心理感受鼓励儿童，让他们在"享受学习、体验成功"的过程中构建健康、积极、阳光的心理品质。教师不能在三人以上的场合批评儿童；禁止教师按学生的成绩排名次、排座位；禁止小学中低年级的班干部实行竞选；明确提出，"考试成绩是学生个人的隐私"，学生有权利要求教师保密。学校可以没有"三好学生"的评比活动，可进行"校之星"的评比或众多单项奖的评比，使班级中大多数孩子，甚至每一个孩子都能得到不同程度的鼓励和奖励。

在校长的团队中教师最重要，这个重要在于面对现在教育面对的问题。我们应有这样的教师观：教师是对儿童全面了解、完全信赖并对每个儿童充满信心的人；教师是具有渊博知识和丰富情感的人，是能敏锐地观察儿童的情感及变化并进行正面引导的人；教师是能尊重儿童人格个性的人；教师是能让孩子快乐地学习成长的人，是儿童在教学过程中的"合作者"，是设计教育情景、引导儿童进入情境并发挥他们想象力和创造力的人；教师不是高高在上、冰冷严肃的施教者，而应是能够与儿童建立良好、平等的关系，能使儿童觉得真诚、可信赖的人；教师不是轻易说"对与错"、"应该如何"的人，而是能鼓励和引导儿童独立思考，促使他们构建明辨是非能力的人。所以，教师不能迷茫，不能功利，不能浮躁，这是教育对我们的要求，孩子们对我们的企盼。

第五是不断改善

不变，是相对的；变，是永恒的。宇宙天地在变，江河山川在变。很多事物是在变化中前行的。校长及其团队是动态的，改善是打造优秀团队的永恒不变的法则。目前世界上比较流行的ISO质量管理体系和“六西格玛”质量管理，它们的核心理念就是持续改善。改善可以将“地方军”变成“正规部队”。校长的团队，同学校在不断地改变中前行，在前行中改变，一个优秀的团队在变之中逐渐形成，一个优秀的学校随即诞生。

概括起来，一是校长要建设一个优秀的团队，团队中每个人的德和团队的凝聚是最重要的；二是定位，校长班子的每个成员在班子中定好位；三是规则，建立运行机制和规则；四是学习改变。这样学校的先进文化就会形成，学校的好校风就会形成，一所好学校就会应运而生。

老师，是学校的主人

黑土地是人类之宝，在世界上仅有三大块：一块在美洲——美国的密西西比河流域，是美国玉米最大产地；一块在欧洲——第聂伯河畔的乌克兰，素有“欧洲粮仓”之美称；一块在亚洲——我国的松辽流域和三江平原，被称为“北大仓”。

在白山黑水之间的松花江流域那片肥沃的黑土地上，我曾经学习工作多年。我在一本书的序言里写道：“我家族近几代人中，有几十人做教育，也算是教育世家吧。孩提时就时常看长辈们的线装书和教鞭，家族的这种书香影响和长辈们的书卷气，使我选择了做教育，一做就是几十年。教课，当班主任，做教导主任，任校长，伴随着学生们的喜怒哀乐，看着学生们一代代成长，听着校园里琅琅的读书声，我真可谓非常欣慰地走在教育的路上。从北国的黑龙江到南国改革开放前沿城市深圳……白山黑水之间那片肥沃的黑土地，东北大工业基地的高科技、现代化和集约化生产给了我强壮的体魄、克服困难的勇气和韧性，给了我无穷的力量和对教科研的感情，对教育探索的起始与执著。”

阔别十多年之后，在新年前的12月24日，我又回到这片黑土地上，回到我学习工作过的母校，回到了昔日的老朋友和学生中间。曾经的人与事、情与理，又呈现，历历在目。激动之情，溢于言表。学校的校长和书记带领导班子全体成员，热情地接待了我。他们带我参观校园。校园里的一草一木，都那么亲切可爱。校园里的雪洁白无瑕，带着泥土的芳香。

学校变化很大。新的教学大楼取代了过去的老楼，很壮观。师生的精神风貌很好。学校新的办学思想和办学理念体现在学校工作之中，体现在学校领导对师生的人文关怀之中，体现在领导班子凝聚全校教职员工之中，体现在校长们的开拓进取之中。

学校领导班子成员很年轻，很有朝气，是积极向上的组织，是积极向上的力量，是学校的希望，是教育的希望。在此，我向他们祝贺，向他们祝福，向他们致敬。

我在校园的东侧看到，当年栽的两棵树已经成了参天大树。“十年树木，百年树人”是也。我想起，去年教师节时，这所学校十几年前毕业的，在北京工作的韩晓伦、胡蕊等几位学生请我一聚。他们很成熟，在京城做得很好，有的是总经理；有的在中央电视台做编导；有的是高级白领；还有一位是大学老师，教哲学。做老师的欣慰，就是学生的幸福状态，学生对社会的价值体现。

午餐席间，校长、书记和其他几位副校长的祝福，办公室主任这位过去我的学生的成熟，让我高兴，让我激动，让我感到这所学校新的愿景，感到教育新的愿景，感到这片黑土地新的愿景。

回到学习工作过的母校，让我愉快的事很多。最高兴之事就是与老师们的交流。当年年轻的老师们，现在都成长为学校的骨干教师、学科带头人。

王老师是东北师范大学化学系毕业的高材生，硕士。王老师现在是教导主任，主管学校的教学工作。从王老师的言谈，看出她对教育的热爱，对成长的平和心态，对故友感情的珍惜，工作的成熟。

白老师、英老师，当年的一线教师，已经担当了学校副校长岗位的重要工作，然而他们对教育工作的热情与执著依旧。

佟老师已经是特级教师。那老师、何老师，当年刚刚大学毕业，现在担任主任工作。赵老师是语文老师、学年主任，是骨干教师。

还有学校工人大杨和小李等等，见了那么亲切，他们依然默默地工作着，默默地服务于老师和学生。学校不能没有他们。

还有许多老师，看到他们的成长进步，我由衷地高兴。依此，看出现在的校领导依然非常重视老师们，重视老师们的成长。我祝福他们，祝福全体老师们。

学校，老师们是主人。当老师们把自己当作学校的主人时，就是学校发展之日，就是学校办好之时。

记得当年，学校为老师们做了许多体现人文关怀的事情。年节探望，安排离休退休的老师们打门球、出游、座谈联欢、看病等；建成第二栋家属楼，有54户老师搬进新居；为老师积极争取更多的评职称的指标；帮助老师的孩子入小学、初中，帮助老师的子女就业；给教职员工搞秋菜；鼓励老师们著书立说，并帮助老师们出版；鼓励年轻老师专业化成长，为青年教师进行了教育教学成果展，等等。

学校有位老教师付老师，在学校工作了一辈子。在他病危期间，学校领导去看望老人家。付老师说他有个心愿，希望把他抬到学校看看。于是我们把付老师抬到学校，让老人家再看看他曾经工作一生的学校——他把一生的智慧、汗水献给了这片热土。付老师安详地走了。付老师留给我们无限的财富。付老师，您好！

俱往矣。此一件件小事，一桩桩心事，一幕幕感人之事，无不包含着学校对老师们的关爱、人文关怀，老师们对学校的热爱。老师们欣慰，今天回想起，仍欣慰。

学校就是老师们的家，一代代老师们因对教育的热爱，对学校的热爱，对学生们的热爱，他们辛勤地工作，培养一代代学生成长。此乃人类也，此乃教育也，此乃学校也，此乃老师也。

老师，是学校的主人。在此，向老师们致敬。祝福老师们，祝福我的母校。

教育评价，要让老师们愉快

教育评价的结果，是要让老师们愉快，这是由教育工作的属性所决定的。教师的幸福感与对职业的认同感，和学校对他们的评价理念与评价方式有直接的关系。每位教师的幸福感、对职业的认同感，都在影响着学生们。

学校是植根于社会现代化进程之中的。现代化是一个市场经济、民主政治、公民社会、个人权利充分发挥的过程。由此决定了当代教师工作的特殊性是追求自主、创造性、特殊的价值观和团队精神。老师们的需求，除了满足一般的物质要求外，都有更高的事业追求和精神追求。

学校对老师们的评价要实行激励原则。一是信仰激励，让学校的文化、办学思想、发展愿景，成为全校老师们共同的信仰和追求；二是事业激励，为教师们设计发展生涯，为他们提供事业发展平台和宽阔的个人发展空间；三是物质激励，绝大多数人的利益是最高利益，学校实行体现老师相对价值的，既要考虑“效率”又要考虑“公平”，以公平为主的分配机制。

国际经济合作与发展组织在《营造有效的教与学环境，首次调查结果》中对教师工作的评价中提到，各国评价教师的指标主要包括：学生考试成绩、教学对学生需要的满足、教学创新、教师对专业发展的参与等。在这4项指标中，学生的考试成绩居于首位，是各国评价教师工作的重要标准。调查中，有3/4的教师报告说他们提高教学质量及进行教学创新的工作没有得到学校的承认，治理者不能做到奖罚分明。其表现之一是，对一贯表现不佳的教师没有采取开除或降薪等惩罚措施。与此同时，超过3/4的教师表示学校中教得最好的老师往往不是最被认可的，没有得到应有的待遇和奖励。造成这种状况的原因是，在大多数国家中，教师评价并不与物质奖励及职位晋升直接相关。调查显示，只有10％的教师在得到较高评价的同时获得奖金。校长更愿意在教师评价中加入教学创新方面的标准，为教学有困难的教师提供支持项目。

就教育工作的属性而言，教育评价更要倡导发展性评价、综合性评价、科学性评价、过程性评价、创新性评价。这些评价都是要以“人”为出发点，通过评价促进每个人的个体身心和谐发展。

教育评价须关注每个教师个体的环境与需要，须促进教师个体价值的实现，须激发教师的主体精神。教育评价更多的是关注过程，是改进，是教育。

青年教师，是学校的未来

——与青年教师的书信往来

包校长：

您好！祝您近来一切都好！

北京一别距今已有数日，承蒙您在北京的多方照顾，我本来早就应该写封信向您道谢的，这封信推迟这么多天，都是我的不懂事，还希望您见谅！

上次从北京回来以后，我也曾向学校咨询过毕业求职的事宜，而且也跟签约单位沟通过，不过还是由于种种困难，我最终决定放弃了在北京的机会，打算先留在外地工作了。包校长，从去年10月到今年4月，这一路走来，您应该了解我为了我的北京情结和理想付出的种种辛劳与努力，至于最后的结果，我想不管怎么样，我也都已经尽了我自己最大的努力了，这也算是对我，对所有关心过帮助过我的人的一个交代吧。至少，我曾经努力地尝试过，付出过了。包校长，谢谢您这一路陪我走过来！

说心里话，我真的不愿意放弃北京。北京对我来说，已经不是一个简单的地理概念了，它曾经是理想，是方向，是我对生活的全部憧憬。我不知道，放弃这次机会，我什么时候才会有能力有条件重新拾起我年少时的梦想！我必须承认，这件事，是我迄今为止做过的最难的一次抉择。可是，人必须为自己做过的事负责，签约单位这边的负责老师在听我说了我的事情面露难色的时候，我就意识到事情并非我想象的那么简单了，短短三五天的时间新协议根本不可能办下来。北京，在离我咫尺之遥的时候又跟我渐行渐远了。北京的校长最后一次跟我通话的时候语重心长地教我要吸取这件事的教训，我明白，在临近毕业的前夕，我自己确实是有些急躁，这件事是我想得太简单，处理方式太过粗糙了。可能我性格中与生俱来的就有毛毛糙糙的毛病吧，遇到大事静不下心来，这是我以后学习工作当中一定要时时刻刻注意提醒自己的一点，所谓“吃一堑，长一智”，通过这件事我慢慢反省自己，从中学到了很多东西，认识到我的性格不够成熟完善，该改进的地方还很多。

最近一直在感冒，断断续续的头疼似乎让我的思想也麻痹了很多，决定虽然做了，可是我还是需要一段时间来消化这件事吧，我一直想写点什么，算作一个小结，可是迟迟不能动笔，太过高兴或是太过悲伤的事情，我都写不好，我想还是要等心灵沉寂一下，然后回头来看，可能，我会看得更远。

包校长，本来是打算跟您汇报一下近来的情况的，一不小心似乎又是随笔的样子了，您就当是女儿跟你述说心事吧，在我心里，您一直是我所尊敬的长辈、热爱的师长，跟您聊聊，我心里会放松很多。最后再次感谢您陪我走过这一段路，谢谢您！

祝您工作顺利，万事如意！

礼

您的学生：李华

2009年4月14日

李华同学：

你好！展信愉快。

谢谢你一直把我当作亲人和老师。

读了你的来信，有牵挂，有遗憾，有欣慰。

牵挂你的身体，快快好起来吧，孩子。精神振作起来，身体就会好起来的。

遗憾的是你没能留在北京。首都北京是文化古都，有着厚重的文化底蕴，这里蕴含聚集了中国五千年优秀灿烂的文化，长城的大气，故宫的王气，天安门、长安街的宽阔。从北京法源寺到什刹海，从老北京胡同到现代化的高楼大厦，北京城里既有市井气息同飘香的现代文明安然无事，又有古老的院落与时尚的潮流各得其所。北京到处都有讲不完的故事，每个故事里都蕴含着规则，丰富着文化，折射着道理。

欣慰的是你在进步，一直在进步，这半年你有了很大的进步。

其实在哪儿工作都是为教育，为孩子们。在哪个城市工作生活，建议你都要读懂这个城市，体会生活，要学会面对每天的柴米油盐酱醋茶，学会与周边人交往。在交往中学习，在交往中提升自己。

做教育是很好的，我们每天都同天真烂漫的孩子们在一起，同知识在一起，同文明在一起。同孩子们在一起，我们会年轻，会朝气蓬勃，会保持童真。同知识在一起，我们远离愚昧，远离迷信，远离无知。同文明在一起，我们有道德，有礼仪，有师范，有太多的精神财富。

我知道，求职这半年，你投了许多简历，做了很多试讲，面对过许多校长。都过来了，何尝不是好事。我们当年毕业，从大学校门走入中学校门，没有此身累和心累，就没有此锻炼了。你没觉得，这半年你成长成熟了许多吗？

在第二封电子邮件中你谈道："工作以来的实践让我觉得现在的中学生自我管理能力很欠缺，我所在的学校，每天都让老师看着学习，真难。"

是啊，我们做老师要面对所有学生。就像医生面对所有病人一样。医生不能选择病人，不能让病人按医生要求得病。我们老师也不能选学生，我们既要面对英才学生，又要面对正常的孩子们，还要面对弱智儿童，甚至面对犯罪少年。

现在的孩子们有他们的成长环境，你要了解孩子们，先了解他们的周边环境，了解他们成长的社会背景、他们成长的时代脉搏、他们的父母、他们的消费情况、他们的喜怒哀乐。在此基础上，要爱孩子们。只有爱，才能打动孩子们，才能拉近与孩子们的距离。你们的年龄很容易与中学生拉近距离。

你在第三封电子邮件中说："包校长，您好！好久不见了，我在工作中遇到很多事情，有些是自己一直以来所向往所追求的，有些却跟自己一直坚持的理念所冲突的，真想有机会跟您聊一聊。"

你是有思想的、有向往有追求的、个性鲜明的大学毕业生，这是难能可贵的，要珍爱，要保持。工作中的许多事是非常具体的，也要学会处理好。遇事先判断是对的还是错的。对的要坚持，要有能力、有智慧、有办法去做好，要相信自己。错的事不能做，要坚持原则，要有定力抵制住。关键是判断事的对与错，需要我们有清醒的政治头脑和逐步积累的经验。有些事可以请教有经验的老教师，有些事及时向领导汇报，得到批示，得到援助。有些事要经常与家长取得联系，沟通、协商解决。

青年教师，是学校的未来。

请你相信自己。

好，先聊这些。

祝你有个良好的工作开端。

老师：包祥
2009年4月20日

教育国际化与现代化

——当代校长的办学使命

"教育要面向现代化，面向世界，面向未来"，是邓小平同志在三十多年前对中国教育的期望。“三个面向”应该是我国教育的近期发展方向和目标。面向世界是教育的空间延伸，面向未来是教育的时间延伸，而面向现代化是教育发展的核心。

教育现代化与国际化应是同步的。对我们来说，没有教育的国际化就难以实现教育的现代化。我们在推进教育改革、实现教育现代化进程中，不仅要继承我们中华民族传统优秀文化，而且要引进世界发达地区先进文化。我认为中国传统文化中的最核心价值部分，应该是兼容并蓄，消化融合。我们在引进世界先进文化过程中也应该是兼容并蓄，消化融合，形成我们自己的当代优秀文化。

我们如何理解教育国际化内容呢？美国耶鲁大学校长理查德·莱文曾提出过教育国际化的设想，值得我们参考。他强调和描述的教育国际化有四点含义，即：一是更多地吸纳来自不同国家的学生，二是在教学和科研中注入更多的国际化内容，三是建立起与其他国家学校的合作关系，四是通过先进的通讯科技将世界更多的听众带入课堂。如果做到了这四点，可以说学校建设发展就基本实现国际化了。

我们之所以积极推进教育国际化和现代化是当代国际大趋势使然。

在经济全球一体化、社会生活网络化、教育信息化、学习终身化的社会大背景下，教育不能独善其身，而应追求兼济天下，合作发展。这是不以人们的意志为转移的，是世界发展对我们的驱使。顺应这一世界发展趋势，不同国家和地区的学校走到一起，共同交流、探讨、合作，已经是当今教育在全球范围发展的现象。这就迫切要求我们同世界各国教育工作者加强合作与交流，共享人类优秀文明，共创人类优秀文化。

世界各地优秀学校将人类优秀文化、教育资源共享不仅成为共识，而且越来越多的学校在教育合作、师生互派等方面已积极实践，近年来呈明显发展趋势，并取得了可观的办学效益。世界各地学校以多种形式进行的文化教育交流活动越来越多，大家共享人类优秀文明，共创人类优秀文化。跨文化交流背景下的校长、教师、学生间的互访学习又成为载体，传承不同地域的文化、价值、传统等社会文化资源，而以这一交流为重要载体，使师生们获得了用价值、文化、传统难以衡量的知识和观念。

在这样的世界大背景下，我们当代校长们应顺势把办学方向确定在国际化、现代化上，把培养人才确定在具有厚重的中国文化底蕴和宽泛的国际视野上。我想无论是城里的学校，还是乡村学校；无论是公办学校，还是民办学校；无论是基础教育，还是高等教育都理应如此。

英国著名的伊顿公学教育的四个特点之一，是它的教学哲学——自由教学。它主张学校给孩子们的知识是它将来的基石，让它将学到的知识在生活中应用，最大限度激励学生的能力，让学生主动向导师提出问题等。1861 年，伊顿公学的校长威廉·约翰逊·科里曾经对学生们说，进一所好学校，最需要学到的不是知识，而是艺术和习惯：专心致志的习惯，表达意见的艺术，表示在一瞬间注意到一项新的学术动向的艺术，迅速了解他人思想的艺术，重视细微差别的习惯，准时完成工作的习惯。一个人在学校里花费许多时间学到的知识中的绝大部分，可能都不会被直接运用，并渐渐被遗忘，而真正最有效、最持久地作用于这个人的，正是在学校中体验到的那些“艺术和习惯”。一所学校要蕴含这些“艺术和习惯”，并把这些“艺术和习惯”最大限度地传授给学生。伊顿公学的这一教学哲学，值得我们借鉴。更重要的是，已有 570 多年办学历史、作为世界教育中一流的伊顿公学也在积极地推进着教育国际化。

有人将中国的基础教育与美国的相比较，认为中国的基础教育是打基础的教育，“学多悟少”；而美国的基础教育是培养创造力的教育，“学少悟多”。中国的教育的确是打基础的教育，但学的东西并非多；美国的基础教育的确是培养创造力的教育，但学的东西并不少。中美两国的教育有着极为不同的传统，中国的教育注重对知识的积累和灌输，注重培养学生对知识和权威的尊重，注重对知识的掌握和继承，以及太多的在于对知识体系的构建。相比较，美国则更注重培养学生运用知识的实际能力，注重培养学生对知识和权威的质疑、批判精神，注重对知识的拓展和创造。这两种教育表达了对待知识的不同的态度，一种表达的是对知识的静态接受，一种则表达的是对知识的动态改变。这一“静”一“动”之间，反映了两种教育不同的知识观、教育观和学习观。

我很欣赏一些发达国家优秀学校老师的办公室，那是资料室，是研究室。他们大量地收集资料，大量地研究资料、整合知识，每天都在丰富自己的知识，进而必然丰富学生们的学习。那里学校的老师们都有研究课题，学习研究似乎是老师们职业发展的主流。他们的教学方式，不仅仅是传承知识，更多的是让学生发现知识，自己主动寻找知识。学习过程中的师生互动，是人文的过程、感情交流的过程，是真正的教育过程。他们没有班主任，这让我突然想起我们常说的“人人都是德育工作者”。这些优秀学校办学的鲜明特色之一，即是开放性、国际化，培养世界公民。

我们的教育现代化和国际化应是同步的。现代化是市场经济、民主政治、公民社会、个人权利充分发挥的过程。现代社会是网络时代，是人和人合作更加紧密的时代。而在社会现代化的进程中我们仍面临环境污染、水土流失、黄毒、恐怖、假冒、腐败等社会问题。这些现象交织着影响我们的老师们，更加影响我们的学生们——影响着他们的价值取向。我们的校长们应该清醒地领悟到这些信息的存在。每位校长都在说教师队伍建设非常重要，也都在积极地建设着教师队伍。我们稍微观察分析，就会发现现代社会决定了教师工作的特殊性——追求自主、创造性、特殊的价值观、团队精神、国际视野；教师在教育工作中追求终生幸福和发展；现代社会决定了学生对教师的要求——明星。教师的形象气质是明星，学识品格是明星，魅力亲和是明星。这就是我们的校长们所面临的时代，面临的与以往不同的教育。我们的校长们应该有这种宏观认识和微观把握，才能建设实现教育国际化、现代化所需要的教师队伍。

农村教育也要搞现代化吗？回答是肯定的。国家“十一五”规划建议要求“培养有文化、懂技术、会经营的新型农民，提高农民的整体素质”。我们要按照生产发展、生活宽裕、乡风文明、村容整洁、管理民主的要求，扎实稳步地加以推进，这是国家对新农村建设的要求。在推进农村综合改革、构建和谐社会和建设社会主义新农村的进程中，农村教育更要具有基础性、先导性、全局性。因此，发展农村教育是社会主义新农村建设的必然要求。只有农村教育的现代化,才会有社会主义新农村的诞生。

农村学生大批回乡参加生产劳动,他们在思想、心理、农村生活、劳动技能上缺乏准备,则必然使他们"打工无门路,回乡无技术,致富无窍门",成为远离时代的人。让农村青年体面地到城里打工,是农村教育的一项重要任务。大量农村人口向城市转移,他们能否有机地融入城市,成为城市文明建设的积极参与者和推动者,取决于农村教育的现代化、质量和他们在农村的受教育程度。农村教育不仅让孩子们学习知识,还要让他们了解WTO、GDP等语言,能识别现代标识,知道网址、电邮、卡等现代化的常识性知识。

建设社会主义新农村,构建和谐社会,在城市化、现代化进程中,需要教育做先导,给予人才支持。我们的教育发展方向和路径,就要确立在这样的基点上。可否这样说,未来解决"三农"问题,很大程度上在于现在的农村学校校长的办学国际化、现代化的确定和实施。

无论城市还是农村,一所学校可以影响和带动周围房地产、交通、饮食、文化体育、商业服务的繁荣和发展,带动人口密集和资本的集中,提升文化品质。学校国际化、现代化了,就直接影响周边社区的国际化和现代化,就可影响和带动其师生员工的家人乃至亲朋好友的国际化和文明程度。

因此,学校成为社会国际化、现代化发展过程中社会网络的网点,纵横交错辐射开去,这是当代社会为学校赋予的新的使命和价值。

实施教育国际化还有更深远的意义。我国教育开放从国家战略高度来看,关系着我国人力资源的储备,科学技术的发展,国际竞争力的提高,这些要素进而决定了我国在新一轮综合国力竞争中所处的位置和所扮演的角色。从环太平洋地区来看,美国在二战后就推行一贯的教育出口政策,招揽各国的年轻精英;其他各国也不遗余力地发展教育服务贸易,澳大利亚的目标是成为"海外学生的首选留学目的地",新加坡的自我定位是"环太平洋的教育之都"。与之相比,我国在教育服务贸易方面起步晚了十余年,相关政策法规正在健全,双边和多边合作需要更多工作层面的磋商,教育资源的流动需要合理监控和积极引导。在此形势下我国教育开放正在出现新的、喜人的形势。

我曾仔细观察:我国自费出国留学形成潮流,近年有增无减;2004年国际教育展引来了众多“老外”以强势宣传抢占中国教育市场,仅英国就来了一百多家院校和教育机构;近年中外合作办学以多种形式探索并出现;境外来华招生纷至沓来,境内教育机构向外大批输送学生;各种“洋考试”纷纷举行;在大留学生基础上出现“小留学生”现象,即初中、小学生去境外学习。如此诸多现象表明,国际教育以市场竞争形式的脚步已逼近了中国大地。我国正面临各教育出口国的强大攻势。

我们完全可以从教育服务贸易的大国转为也有能力成为教育服务贸易的强国。随着我国综合国力的不断增强,在世界上的影响越来越大。中国文化的魅力吸引着越来越多的外国人来学习,中国市场的诱惑力吸引越来越多的外国商人来投资。我国经济实力增强,在国际上地位不断上升,中国文化的影响力越来越大,学习中国文化的人会越来越多。这是教育对外开放的大好契机。

五千年的文明史决定了中国人的办事意识及行为习惯,也必然影响中国教育的发展方向。而全球经济一体化社会大背景,经济集约化经营形式,国际间的教育合作,也不可回避地影响着我们,或说我们也一定要融入其中。这些大概不以人们意志为转移。伴随人类社会发展变革应运而生的中国教育只有立足中国,面向现代化,面向世界,面向未来,才会在世界文明发展进程中有出路,有所作为。中国教育的最大任务还是为最广大人民群众的根本利益服务,为发展先进的生产力服务,为推进先进的文化服务。我想这就是中国教育的发展方向,中国教育发展应该是背靠五千年,实现“三个面向”,落实“三个代表”。

此文是对中国教育现代化与国际化的一些探索性思考,是对校长同仁们办学使命的建议。只有顺应当代教育发展思潮和确立中国社会转型期的教育发展方向,同时靠我们的智慧、策略、毅力、执著和对社会发展、教育走势的判断及深刻领悟,校长们才能更好地承担起我们的办学使命。

民办学校的发展元素

《民办教育促进法》及其实施条例的颁布，使民办教育迎来了新的发展春天，为民办学校的创建和发展带来了新的机遇。

民办学校在我国由计划经济向市场经济过渡时期应运而生，20 世纪 90 年代中期发展迅猛。

民办教育在教育改革的大潮中，在教育的市场运作、办学模式，在学校的管理体制、课程构建、教学特色、办学条件等各方面，都对教育的改革发展产生了极大的影响。特别是在解决教育资源不足、投入经费不足的情况下，让更多的孩子们入学或有选择地入学，接受教育，接受优质教育做了贡献。但是，民办教育由于在我国发展历程较短，办学经验还少，或因其有一定的功利性，或受教育市场影响，还存在着一些不容忽视的问题，如教师的流动性太高，校长等管理人员的不稳定，部分学校的功利因素太重，教学质量低，有的办学条件差，等等。这些因素导致社会对民办教育认可度仍很低，选择学校送子女上民办学校成了弱势。

民办学校首先是办教育，应具有教育的公益性，但其服务对象又不具有普遍性。民办教育是建立在市场基础上，以受教育者个人及其家庭负担经费为基础，任入学者选择的教育。所以说民办教育是选择性教育。“公办不择校，择校选民办。”也就是说民办学校应认清自己存在的理由、在社会上的角色，并进一步准确定位自己。只有这样才能创建好学校，把握好学校，运作好学校。笔者根据几年的民办学校校长岗位工作经验认为，对办好民办学校下列要素非常重要，即一个营造，两个遵循，三个保证，四个坚持，五大要素，六个受益，七个关系。

一个营造。营造学校生存发展的社会环境。外部环境，《民办教育促进法》及其实施条例的颁布，是非常好的社会大环境。学校还要求得到地方政府的大力支持。民办学校办学不需要政府投资，并解决了一部分学生上学难的问题，政府理应支持。学校是社区精神文明建设的重要场所，并能安排一部分人员就业。所以取得政府支持，请政府给政策，学校充分利用好政策，并依法办学，就会形成社会效益。当然，学校要有先进的教育理念，全面育人的课程构建，适宜学生健康成长的校园环境和人性管理，较好的教育教学质量等。在办学过程中学校培养出较高素质的学生，社会会接纳你，家长会信任你，学生自然就会选择你的民办学校上学。内部环境，学校要营造适宜学生学习、老师们工作和发展的校园环境，营造积极向上的好校风，营造人性化的管理模式。学校教育是人文化的过程，是人与人之间交流的过程，是学生生命成长的过程。学校是学习的组织，实行愿景管理，把教职员工对教育事业的追求统一到学校的发展愿景上来，形成体现厚重的中国文化和现代特色的学校文化。学校为学生提供优质教育服务，为学生终生幸福发展奠基。学校要营造愉快合作的学习环境，友爱融洽的人际环境，多彩自主的生活环境，优秀文明的精神环境。这样的话，民办学校来自不同地区的师生这一陌生的群体，汇聚到这样优秀的校园很快就会亲密地融合在一起。所以，环境民办学校必须营造，并要营造好。环境营造是民办学校办学过程中非常重要的社会生存基础、校内存在基础，是民办学校生存发展之道之首位。

两个遵循。民办学校是办教育的，办学就要最大限度遵循教育规律。同时民办学校是在市场经济背景下办学，则办学要研究市场，遵循经济规律。那么民办学校该如何采取最佳行为，寻求教育规律和经济规律两者最佳的结合点，取得学校办学效益和社会效益的最大化？这个问题困扰着许多民办学校，困扰着民办学校的投资人，困扰着民办学校的校长们。这个问题应当是当前中国民办教育人的思考、困惑及求解。教育受受教育者身心发展的制约，学校是孩子们学习成长的摇篮。我们办民办学校同样要充分考虑孩子们的认知规律、成长规律来把握我们的教育，实施课堂教学，操作德育。民办学校同样应当适应社会发展、经济建设，培养国家需要的人才。民办教育既具有教育的公益性，但其服务对象又不具有普遍性。民办学校很大程度上依托市场生存。学校一定要遵守法律、法规，贯彻国家的教育方针，保证教育质量，有一定的教学特色，提供优质的教育服务，才能吸引更多的学生。民办学校一定要感觉好市场，发挥民办学校自主办学、机制灵活的优势，适应时代要求，把握学校，发展学校。这样就会实现教育规律和经济规律两者最佳的结合，取得办学效益的最大化。

三个保证。民办学校要有诚信保证、质量保证、经费保证。学校对政府、社会、家长、学生要有诚信。诚信是学校生存之根，是学校做久最重要的要素。教育教学质量是学校生存和发展的关键，也以此取信于民。学生到学校要学习知识，学习做人的道理，要升学，要发展。学生要质量，家长要质量，教师要质量，社会要质量。学校当然要办出高质量。质量是学校生存之本。学校要有钱办事。民办学校没有财政拨款，靠自己的经费运转。没钱，学校一天也不能运转，而易垮掉。此例不少。钱是民办学校运转之血脉。投资方有雄厚的财力，才可以投资办学。靠少许投资，短期办学，就依赖学费运转学校是很危险的。政府也应帮助学校，如给一些经费，或给好的政策，或给学校好的老师及为学校老师解决当地户口，解决老师的职称评定，解决老师关系的调入等。

四个坚持。民办学校必须坚持办学方向，坚持依法办学，坚持以德立校，坚持科研兴教。要办社会主义的学校，为全面建设小康社会、为实现中华民族的伟大复兴培养人才，这是办学方向。民办学校要成为社区文明的标志，并辐射开去。民办学校要为当地提供办学模式、管理体制、教学改革、育人途径等经验。在当今国际化趋势日浓的情况下，民办学校要积极推进教育国际化。办学讲规则，管理讲道德、讲法则，要依法办学对民办学校尤为重要。教学是学校的中心工作，学校教学要追求内容上的科学性、民族性和时代性的和谐统一。学校招生、收费都要有法可依。学校招聘教师、管理教师都要遵循教师法等法规。民办学校要坚持教科研引领学校，提升学校，在学校课程改革、老师教学模式的改革、学生学习方式的改变上有所作为。民办学校办学不要过于苛求特色，打好基础至关重要，给孩子们打好文化基础、行为习惯基础、文明礼貌基础，让孩子们有知识，学会做人。学校要厚重一些，厚德载物，育人也要厚重。

五大要素。民办学校办学一定要有一位好校长、一个好的教师队伍、好的教育理念、好课程、好的管理，这是办好学校的五大要素。一位好校长，即是一所好学校。一将起用，扭转乾坤，古代有之，现代仍有之。大师比大楼重要，校长比学校任何其他办学要素都重要。校长是办好学校的第一要素。校长要带出一支有较好教育观、教学观、学生观的优秀教师队伍；同时确定好学校办学理念，体现中国文化特色，有时代性，又有生命力。课程是育人的载体，实施课程又是育人的过程。课程有校内的、校外的，有隐性的、显性的综合构成。综合构建课程有利于培养能力强、体魄健、道德好的人才。管理是办学的关键，管理要有序，有章法，有人性。学校管理要有规章制度，要有情感管理，要有学校美好的愿景让老师们追求，要有对学生的爱，要有与家长的良好沟通。

六个受益。办好一所民办学校至少有六个方面会受益，即，政府受益、社会受益、学生受益、家长受益、教师受益、投资者受益。所以，社会应鼓励、接纳民办学校。政府不用投资，只给政策，提供宽松的办学环境即可。这里的关键是，学校要处理好教师和投资者的利益关系。教师的利益既有事业的追求，又有价值的体现，同时一定确定好体现教师价值和对学校贡献的工资及福利。这是常被忽视，又极易出事故且对学校产生影响的重要环节。一所民办学校，创办几年后至少有前五方受益，否则你的生存会遇到问题。

七个关系。办好民办学校，要特别处理好以下七个关系：

① 权限——投资方（主控权）与校长（管理权）的关系；

② 教师——稳定与流动、主人与雇佣的关系；

③ 教育——对学生的封闭管理和开放教育的关系；

④ 生源——数量与质量的关系；

⑤ 规范——教育规律与市场机制的关系；

⑥ 教学——减轻学生负担全面发展与升学质量的关系；

⑦ 学校——办学质量与规模发展的关系。

在民办学校中还有一些关系要处理好，但重要的是这七个关系。

而投资方（主控权）与校长（管理权）的权限关系，即董事长与校长的关系是学校众多关系中最重要的关系。要明确二者在学校的法律地位、工作职责。在当前情况下，董事长与校长之间既有法的约束，也有道德约束；既有共同的利益，更应有共同的事业追求。学校董事会要给校长授权，对校长要授予责、权、利，给权力，要责任，让校长真正是学校的校长。学校选优秀校长当然重要，优秀校长也是有的。投资方，即董事长既要求贤，三顾茅庐，还应善待、留住校长。民办学校校长需要稳定，有的学校办学三年换了四任校长，这所学校能办好吗？教师队伍的不稳定或教师主人翁意识不强，或干脆就是打工思想，这样的势态影响着许多民办学校。现在好多民办学校教师流动率太高，直接影响学校的稳定，影响教学质量，甚至影响学校的生存与发展。这里有学校的原因，也有教师本人的原因。教师不应浮躁；学校多一些人性化管理，保持教师队伍的相对稳定。学校管理人员和教师流动成了民办学校发展、提升质量的症结，成了老师们的苦衷。请大家共同关注，共同关心，共同呼吁，共同解决。

我衷心希望，民办学校在中国大地上遍地开花，并有一批优秀的、学生及家长喜欢的民办学校应运而生，成为教育的一股重要的生力军。

第二部分

校园书卷气

——书香化：校园是师生读书的地方

学校文化的三个方面

教育是文化的一部分，又是文化传承的载体。教育是传递文化的重要手段，是要加以选择的传递。教育具有选择、传播、创造文化的功能。

学校文化是对学校师生员工行为方式具有影响或约束作用的价值观念的总和。学校文化主要指学校通过相对稳定的教育教学和管理所形成的，对全体师生的态度、思维及活动方式具有引导和规范作用的价值观和行为准则。学校文化传承着人类优秀文明，影响着一代代师生；一代代师生的行为，又丰富着学校文化，丰富着人类文明。

有人把中国文化分类为使用文化，如景泰蓝、宣纸、武术、唐装等；艺术文化，有古琴、书法、绘画、建筑等；更重要的是儒家精神、道家思想、“辨证施治”的思维方式等核心思想文化。

学校文化是否也从这三个方面建设，或叫从这三个方面积累、积淀形成，即思想文化，如教育思想、办学理念；艺术文化，有教育艺术、课堂教学艺术、管理艺术、建筑艺术等；规章制度、课程表等，姑且把它称为使用文化。

一、思想文化

学校的教育思想、办学理念是学校文化的核心，是学校的思想文化。大凡有影响力的学校在多年的办学过程中都积淀了厚重的文化，包括先进的教育思想和办学理念。大凡有影响的教育家们都具有比较好的教育观，是文化大师。

我给老师们作过“学校文化”报告，老师们对许多中外教育大师的教育思想有浓厚的兴趣，同时他们认为在自己读书时受学校文化影响最大的还是蕴含于文化之中的教育思想。

美国哈佛大学要求学生，为了提高智慧走进来，为了为祖国和同胞服务走出去。其前校长鲁丁斯认为教育本质上是人文过程，是要人与人进行实际交流的。

陶行知创办南京晓庄师范学校时提出“社会即学校，生活即教育”，他的“教、学、做合一”思想一直影响着后人。

新课程主张学校是读书的地方，是学生幸福生活的地方；学校是传授文化、发展文化的地方；学校关注学生，适应学生，并受学生身心发展规律制约；教师(学校)按学生需要编选教材；教师是学习的组织者；学校课程应有弹性，可有不同进度、不同课程；课程不变，而生活在变，适应生活调整课程；信息时代，学生不是一张白纸，师生共同进步是新时代的特点。

学校文化寓于教学之中，课堂教学是学校教学的主渠道。我曾实行过绿色课堂：(1)教学原则：为学生终身学习发展奠基；(2)教学目标：发展整体素质；(3)教学关系：民主、合作、互动；(4)教学过程：主动、生动、活泼；(5)教学方法：启发、内化、转化、升华；(6)教学环境：和谐、愉悦、共振；(7)教学过程：促进学生建构知识，形成品质；(8)教风：能使每个学生学习成功；(9)学风：主动、探究、合作。教师在绿色课堂传承着人类优秀文化，与学生共同享受着人类优秀文化，又在形成着学校优秀文化。那是师生的幸福、愉快，让师生流连忘返。

二、艺术文化

人类应是大自然中美的精灵。人们喜欢美，追求美。学校教育应教给学生美的行为，美的外表，美的环境，美的心灵。学校的美育承载于艺术文化之中，丰富着学校艺术文化。学校不仅有音乐、美术等直接的艺术教育。书卷气的校园，壁画、音乐会、艺术节等进行着艺术教育；教学楼的建筑风格，花草亭台、小桥流水同时隐含着艺术教育。学校图书室、实验室、科技室等布局，校园中名言警句都蕴含着艺术教育。北京大学的书卷气，中国海洋大学的建筑风格，苏州大学的人文气息，吸引着莘莘学子。

而承载美育的艺术文化更重要的在于人，在于教师们对学生的亲和力，在于教师们的风格气质，教师的一言一行、一举手一投足，载于教师的教育过程之中，载于教师们的课堂教学过程之中。

我曾做过问卷，学生喜欢老师对学生的欣赏，老师幽默的语言、精美的课件、工整的板书，老师上课的导入、提问、小结的技巧。学生喜欢老师指导他们达到学习最佳状态，如，有兴趣时，身心处于最佳状态时，教学内容用多种形式呈现（不仅是多媒体）时，遭遇到理智的挑战（高难度）时，发现知识的个人意义（对自己的影响）时，能自由进行探索、创新时，被鼓舞和被信任做重要事情时，有更高的自我期待时，学以致用时。学生的喜欢无不都是学校艺术文化的体现。有人说，课堂教学既是科学，又是艺术。而在对学生的影响上艺术的重要性往往超过科学本身，又是通过人与人之间的感情交流体现出来的。

三、使用文化

教师职业道德、学生守则、学校的规章制度、校长的政令、班规等都在每时每刻约束着教师、学生；课程、校历、作息时间对师生在进行着群体引导；课间操、实验规则、作业是必做或必遵守的事情，等等，诸如此类，久而久之就成为学校的习惯，成为学校文化。我们称其为使用文化。

有的学校非常重视用规章制度管理。规章制度是对的，但什么时候出台比较适宜恰是更重要的，否则宽严皆误，事与愿违。而思想文化、艺术文化对学校管理的重要性远远大于规章制度。

思想文化引领师生，艺术文化影响师生，使用文化约束师生。学校文化应该是一个完整的、有机的整体。

文化的载体是人。学校不仅要有先进的教育思想，还要有大师级人才，大师本身就是文化。所以，“北大”、“清华”之成功与当年广纳人才不无关系。“吐峥嵘之高论，开浩荡之奇言”就是大师，引领学生走向科学的殿堂就是大师，让“差生”浪子回头就是大师，用手中鼠标点击学生七彩人生就是大师。学校教育使学生成长、价值提升的过程，就靠大师们。

学校应建立一种崇尚变革的校园文化，唯有创设崇尚变革的文化，才会带来不断更新和持续发展。随着崇尚变革的价值观念逐步被接受，教师必然由个体到群体逐渐开始调整自身的教育行为方式，学校的变革便会悄然而至，培养的人才方能与时俱进。

有这样一个命题：文化决定理念，理念决定心态，心态决定行为，行为决定习惯，习惯决定未来。如此看，学校文化特别是优秀文化对学生多么重要。学校形成健康、厚重、有生命力的文化对学生一生都有影响。学习型学校会使学生一生都好读书，爱学习。好的学校校训能影响几代人，好的校歌能伴唱学生一生。老师的一次鼓励能改变学生的命运。老师经常纠正学生坐的站的行为姿势，社会上就会少很多畸形和“眼镜”。校长亲自给每个毕业生发毕业证书，学生会感动，毕业证增值。墙上的一句人生格言，可以成为学生终生的座右铭。坚持几年如一日地晨练，会使学生形成稳定的毅力品质和获得健康的体魄。

理科老师也要读书

阅读完《中国教育报》2004《读书周刊》年度表现、十大读书人物后，欣赏、钦佩、激动，难于言表。窦桂梅等十位“十大读书人物”可谓是教师读书楷模。他们默默地读，潜心地读，挤时间读，孜孜不倦。读之书新奇让人耳目一新，读之书广泛让人叹为观止。书读的不同，读书收获的不同在于人之间的差别。读书的修身养性，读书的职业素养提升，读书之深邃，读书之豁达，读书之明理，读书之独守，我为之鼓掌。我特别赞叹最有“底层色彩”的方助生老师，在山区农村学校，几乎为零的文化环境中成为一名“高贵”的读书人。特别是方老师的震撼心灵的呼喊“教师靠什么？读书”，真让我们拥有满是图书环境的城市教师逊色、惶恐。我特别欣赏窦桂梅老师说的“读书是我的‘美容用品’”，而建议她不要太沉重地阅读，更要轻松地活着。

高万祥老师在喊出“培养中国的读书人口”的同时，向我们倾诉悄悄话“读书拯救自己”。

阅读“十大读书人物”高兴之余，突然感到缺了什么，颇有些遗憾。“十大读书人物”几乎都是语文教师，似乎只有语文老师在读书，其他学科教师都不读书。读的书大概多是文学类，也有一些教育、社会、历史之类。不知是否《读书周刊》有如是宗旨或引导？或我们其他学科老师的读书未被发现及未知不读书之悲哀，或自然科学之类书籍不多不好读之无奈？

其实其他学科老师爱读书之人也大有人在，我的同学还有理科教师同事包括社会上曾读自然科学专业的朋友们，也有颇爱读书之人。他们不仅读“十大读书人物”所读之书，也读自然科学及其他类书籍。

记得刚刚走上工作岗位时，好心的老人们嘱咐，读儒家书能修身，读道家书能养性，后来见我们浮躁，又说读佛家书静心。老人们大概也是读文史类书过来之人。或我们书的出版史，读书的历史一代代就是这样过来的。有人把我们没获诺贝尔奖的原因归结出很多，我突然想，如此读书和如此读书史是否也是原因之一？若真是，那我就要呼唤，读点自然科学类书吧，理科老师们也快快读书吧。

自然科学之类书籍读来也颇有兴趣，也会益人。记得我在小学读到的第一部“大部头”书是《十万个为什么》，好像是那里的千千万万个为什么让我开始认识了世界。中学时我的理科学得较好，读大学时选了理科似乎也与此有关。您若阅读化学，当走入原子微观世界，肉眼看不见的空间之庞大，电子速度之快，原子核恪守本性，中子的“中庸”，真是妙趣横生，如梦幻世界，让您觉得她那么美丽可人。当您听化学老师讲实验故事，从醇水相溶，油水难溶，缓冲溶液，中和反应，化学平衡，氧化还原等现象中或许能悟出些许相通之人生道理。您如阅读了原子核外电子依能量的有序排列，电子得失，化学反应外部条件的作用，是否会得到企业管理中人才作用及选择的启示？化学反应中的“催化剂”、有机物分子中的“官能团”，能让现代企业向集团化发展过程中的机制建设受到某些启发。我的一位教数学的同事对我说：“数学学习，重要的是学习数学思维方式。而数学思维方式，首先就是相信世界上的万事万物之间，都有数学的关系，这个宇宙是由数学规则组织起来的。其次，就是要学会去找这种数学关系，能找出一对数学关系来，就是伟大的科学家。宇宙自然的奥秘，就体现在数的关系的奥秘之中。但是，我们这些数学教材，只是将过去的科学家找出的数学关系告诉学生，让学生死记硬背来考试，而不是刺激学生的数学兴趣，不是刺激学生去找自然万物的数学关系的兴趣。物理所学的，就是物理现象的数学关系。化学所学的，就是化学现象的数学关系。'数'穿透一切。但是，我们的数学、物理、化学等课程之间，根本没有密切的联系，各教各的，学生看不到其中的根本性联系。无聊的考试破坏了学生的兴趣。"

我们阅读物理，共同欣赏物体受力分析，光的折射，热的传导，电给人类带来的七彩世界，会感到"物之初，性本善"，物界之美好。大家阅读蓝天，大气由近及远的渐淡，星和月在引力、排斥力平衡之中的友好和平共处，多少像银河一样庞大的群体多极共存，多极共融，互补为天。您再阅读大海，鱼水的生存关系，海底植物的生长空间，会觉得人类还有如此多的知识应涉猎，或许您还会知道点海啸为何。如果人们早些读一读预防常识，"非典"和海啸来时是否就不会惊恐，而会像"庖丁解牛"般应付自如，无论是技能还是心理。

细细品来，读自然科学类书也会修身、养性、静心。

我阅读自然科学之类书籍，总感觉那里很温馨，既没有"赤壁之战"、"楚汉之争"，也没有"明修栈道，暗度陈仓"，看不见"古道西风瘦马"、"大风起兮云飞扬"，没读到"满纸荒唐言"之后的"一把辛酸泪"，没有功利、黄毒、恐怖。那里有"横看成岭侧成峰"，有"客舍青青柳色新"，有"相逢何必曾相识"，有比西湖更美的西子，有亘古不变的自然遗产，有平和、自然、道理、给予。雪轻松地下着，夜静静的，妻儿睡得甜甜的，一天劳顿下来，我又拿起化学读起来。碳元素，碳化物，有机物，生命。碳是伟大的。碳之伟大在于她不仅是碳链主体、有机物之脊梁，且能团结氧氢等诸弟兄手拉手、肩并肩支承着我们的躯体和灵魂。化学反应那么遵守规则，每一次反应成功都有平和的理由，无欺诈，无霸王条款。读着，读着，我似乎发现那里有自然界孕育人类的伟大之爱。我热泪盈眶。没有碳，哪有我们人类？而碳从来不向人类索取。读了碳，我好像才真正懂得什么叫无为而治。我们应该珍惜这个爱。爱物吧。爱大自然吧。爱自然科学吧。爱自然科学书籍吧。

当然，在读书特别是阅读自然科学之类书籍时，像"独上高楼，望尽天涯路"，真要有"衣带渐宽终不悔，为伊消得人憔悴"精神。读着读着，突然你会产生"众里寻他千百度，蓦然回首，那人却在，灯火阑珊处"之感觉。

李时珍读百草，给后人留下了珍贵的医学遗产。陈省身大师读数学，终生乐在其中。唐敖庆院士读化学，读成了伟大的科学家。杨利伟读航天，圆了国人千年航天梦。没有在实验室里读电脑的人，我们现在也许没有网络世界。有多少默默的潜心读数理化的数理化老师们多年独守，多少个不等式，多少个化学式，他们一次次验算，多少次实验，才有了我们的一代代科学家，也才有了我们的"两弹一星"。而我们的数理化老师们很少张扬，当然很少为人所知了。

有人说，20 世纪是物理(化学)时代，21 世纪是数学(生物)时代，以前我们的祖先是文学、史书时代。此说也许太偏颇或太不妥，对否我不得而知。我常想我们在阅读先祖书写之优秀文学如《岳阳楼记》、《琵琶行》、《陋室铭》、《红楼梦》等，阅读陶行知、苏霍姆林斯基等的同时，是否也阅读一些自然科学读物，读一读居里夫人、杨振宁、钱学森、李四光等。语文老师在读书，我们理科老师们是否也多读点书？我也希望科技教育等出版社以立足当代科学前沿、彰显当代科技名家、介绍当代科学思潮、激扬科技创新精神为宗旨，出版令人眼前一亮的科普书籍献给我们的学生、老师及广大读者。我衷心希望《读书周刊》在新的一年乃至以后发现新人，推荐新书，约出新稿。

书，我在淡淡地读着

我非常喜欢书，喜欢书屋。我喜欢书的那种淡淡的清香，喜欢书屋那种淡淡的朴素。

书，我一直在读，在淡淡的读着，忘记了是从什么时候开始，又不知道要读到何时。图书馆，阅览室，家里，车厢里，湖岸幽静处，丽江古城；借烛光，借书灯，借月光；双休日，寒暑假，我都在默默地读着书。每天夜深人静时，没了喧嚣，空气进入了淡淡的状态，我的心境也进入了淡淡的氛围，这时拿起一本书伴着茶香慢慢地读起来，读着，读着，就会渐渐进入了读书的佳境。我这一生好像伴书而来，好些书好像为我而诞生。

“一去二三里，烟村四五家，亭台六七座，八九十枝花”，还有《三字经》、《百家姓》、《二十四节气歌》等等，是我在孩提时起始读的，稍大一点便读了《林海雪原》、《十万个为什么》等等。然而我真正成为读者还是从中学开始的。中学时代，我阅读了《红楼梦》、《三国演义》等大量的书籍。读书的习惯似乎就是在这时养成的，这应该是家族的影响和爸爸妈妈的培养和要求吧，还有老师们的教导。

后来随着年龄的增长，读书的范围越来越宽泛，那种漫无边际的读书，好像就是指的我。对读书，我从没想到过要“破万卷”，也没有“下笔如有神”之追求，也没想在书中寻“黄金屋”，更没想在读书过程中发现什么“颜如玉”。

读书，我是从读，到习惯，到偏爱，又不知何时，有了读书的嗜好。

其实，读书就是一种习惯，可以说是人生的良好习惯。对一个人或一个民族来说，缺少读书的习惯，比没有书更可怕。人吃药是要治病，吃营养品是想保健，吃饭不能说是治病，也不能说是保健，而应是为了生命的延续。读书是人生命高质量的延续。

读书会使人积气，积势，积厚重。读书是我们的力量所在。读书，真好，这是我内心深处的呼唤。

当你读书之后会晓得，读书是呵护心灵的绿地，读书是建设精神的家园，读书是灵魂的出口，读书是心智的飞扬，读书是精神的提升。

当你读书之后会发现，书中自有花似锦，书中自有草如碧，书中自有春如画，书中自有秋飞雁。

我有许多读书朋友，他们在默默地读，潜心地读，挤时间读，孜孜不倦地读着。他们读书之执著让人钦佩，读之书新奇让人耳目一新，读之书广泛让人叹为观止。

读《三国演义》，你会钦佩诸葛亮治理蜀国的严谨规范，七擒七纵孟获的胸怀；曹操的文韬武略；周瑜的英俊飒爽。曹操的诗，尤其是《观沧海》、《龟虽寿》等诸诗，吟诵之后会让你赞叹。暗淡了刀光剑影，淹没了荒尘古道，一个个鲜活的面容仍在我们面前，这就是《三国演义》，就是书，就是以人为本的鲜活体现。

读《红楼梦》中林黛玉进贾府，你能看出小小的林妹妹懂得那么多礼仪。“她步步留心，时时在意，不肯轻易多说一句话，多行一步路，惟恐被人耻笑了去。”不难得出黛玉有非常好的家教。所以，《红楼梦》学问之一，告诉了我们许多人与人交往中的礼仪。

“阅读改变人生”，诚哉斯言。古人云：“心浮则气必躁，气躁则神难凝。”所谓“神难凝”，引申来讲，就是做人不踏实，做事不扎实，心猿意马，志大才疏。读书能使人“心底无私天地宽”，能使人“静而后能安，安而后能虑，虑而后能得”。读书能使人弃浮躁而渐踏实，弃喧嚣而渐宁静，弃浮华而渐朴实，弃追风逐浪而渐渐独立思考，弃贪图虚名而渐渐实事求是。

读书会让你稳定和安宁，从容地阅读、思考、丰富自己。读书是生活的一部分，而生活又是一本大书。读书中你可以发现生活的魅力、生活的道理和生活的快乐。做一个爱读书的人吧，幸福生活会拥抱你的。

读点自然科学之类的书，你会了解工业文明的形成，会积聚你的科学素养。

读孔子，你会悟到“人能弘道，非道弘人”，人能使道发扬光大，不是道使人的才能扩大。道虽本然而存，但要人去领悟，得道则能弘道，道要人去得，把道弘扬出来。在孔子看来，道是存在于人与自然、人与人、人与社会之间的一种道德规律，是事物的当然之理、天地万物运行之则，也是生命本体的自然规律。人通过实践、体验、领悟而所得，才称之为德。读孔子你会晓得，孔子是中国先秦伟大的思想家，他的道德思想已经深深积淀于中华民族人格之中，流淌在每一个炎黄子孙的血脉里。读孔子的书能跟孔子学道德之“道”。

读李白，你会知李白是位伟大的浪漫主义诗人，他气概豪迈、感情奔放、意气风发、幻想无边，强烈追求个性解放、蔑视权贵、不崇拜偶像的诗，使多少人欣赏。如《庐山谣寄卢侍御虚舟》中的“我本楚狂人，风歌笑孔丘”；《梦游天姥吟留别》中的“安能摧眉折腰事权贵，使我不得开心颜”；《宣州谢朓楼饯别校书叔云》中的“弃我去者，昨日之日不可留。乱我心者，今日之日多烦忧。长风万里送秋雁，对此可以酣高楼”；《将进酒》中的“君不见黄河之水天上来，奔流到海不复回！君不见高堂明镜悲白发，朝如青丝暮成雪！”，“天生我材必有用”等等。李白的《蜀道难》，写得淋漓尽致，把读者带进了祖国壮丽险峻的山川之中，把读者带进了神奇优美的神话世界，让读者仿佛也到了“难于上青天”的蜀道之上了。李白真是“笔落惊风雨，诗成泣鬼神”，文采奇异，气势磅礴，有脱俗之气。我劝你一读。

读书，你能发现真、善、美。“真”是什么？是真理、规律、逻辑。“善”是什么？是善法、有效的理论、知识、方法、工具、技术等。“美”是什么？是美德，是人们在公共社会中的公德，平等、民主、自由，以及信仰、求知和爱人的精神。读书你会知道“万事万物”存在的“必然规律”，你会知道思维的“逻辑”，你会知道什么是“人类智慧之根”，你会知道什么是“真理”。

读书，使你遇到困难时，仍会“我自岿然不动”。面对困难你会“雄关漫道真如铁，而今迈步从头越”；你会有“万水千山只等闲”的胸怀；你会有“不到长城非好汉”的气概；你会领略“无限风光在险峰”；你会领悟“世上无难事，只要肯登攀”；你会知道“多少事，从来急”，“一万年太久，只争朝夕”；你会懂得顺应自然，“俏也不争春，只把春来报，待到山花烂漫时，她在丛中笑”便是你的潇洒自如。

读书会使你周身蕴含很深邃的哲理，散发出淡淡的书香。

书，要读，要淡淡地读，伴着一生去读。

小院静思

小院是我常来的地方，每次走进小院总有一种亲切感。初秋的小院夜晚是宁静的，这种宁静似乎因冬的沉默、春的浮躁、夏的火热而更感珍贵。宁静的月，宁静的云，宁静的树，宁静的心情。我一边品尝着家乡的崂山茶，忘却着劳顿，一边欣赏着小院的美。

小院的美在于它的自然，在于它的和谐，在于它的包容，在于它经常"谈笑有鸿儒"。小院的美体现在它的建筑上。

小院的建筑体现了中国园林建筑风格。中国园林建筑要求能够"纳千顷之汪洋，收四时之烂漫"，以使观赏者"仰观宇宙之大，俯察品类之盛"，从有限的时空进入无限的时空，从而引发起历史感与宇宙感。有人说中国古代建筑追求"天人相应，人神一体"。这里体现了博大精深的中国文化。所以人在小院，有如置身于大自然之中，置身于中国文化之中。

中国传统文化的自然观多持客观自然主义态度。孔子曰："天何言哉？四时行焉，百物生焉，天何言哉？"意思是说四季的运行和万物的生长都有自身的规律，不因外物而改变。孔子的名言"仁者乐山，智者乐水"不仅意味着巍峨葱茏的群山孕育了人们博大的仁爱精神，畅流不息的江河启迪了人的无穷的智慧，而且指出仁者喜欢宽广厚实的山峦，智者热爱波涛起伏的流水。

孔子的尊重自然规律、珍爱自然、欣赏自然的精神，至今仍然值得人们效法。道家清静无为、道法自然的自然观，在许多方面都近乎极端，但其中的淡泊宁静的人文境界和修身精神，"见素抱朴，少私寡欲"，顺应自然不要对自然无限制地索取，以防破坏生态、引发暴雨等自然灾害的思想，对于保护自然环境，推进人与自然的和谐共生，创建世代延续的人类美好家园，仍然是可资借鉴的精神财富。这也许就是小院的自然美，和谐美。

小院里，我多次与外国朋友聊起我们中华优秀传统文化。

以儒家精神、道家思想、"辨证施治"的思维方式和汉之雄风、唐之神韵等为核心思想的中华传统优秀文化植根于中华民族五千年历史的高山厚土之中，奔流在我们世代中华儿女的神经血脉里，沉潜在我们生生不息的生命之中，呈现于我们的行为习惯言语里，已熔铸成了我们民族的鲜明个性。

中华传统优秀文化是中华民族在长期实践中形成的，在处理人与自然、人与社会、个人与他人、个人自身的身心诸方面关系时，重人的价值，重整体，重和谐，通过融合矛盾、冲突，以达至共存共生、互济双赢的观念学说与行为方式的总和。

中华传统优秀文化追求“大同世界”，倡导“协和万邦”、“民族和亲”、“亲仁善邻”、“礼尚往来”。其实和谐共生是事物存在、发展的基础和前提，也是当今世界的普遍价值和终极追求，和谐文化必将成为全世界共同发展的思想。

我们的先人有“天下为公”、“世界大同”、民族复兴的思想。范仲淹的“先天下之忧而忧，后天下之乐而乐”；顾炎武的“天下兴亡，匹夫有责”；诸葛亮的“鞠躬尽瘁，死而后已”，这些崇高气节为人们千古传诵，他们是“富贵不能淫，贫贱不能移，威武不能屈”的“大丈夫”。王国维说，古今之成大事业、大学问者，必有三种境界，并以三句诗概括：昨夜西风凋碧树，独上高楼，望尽天涯路；衣带渐宽终不悔，为伊消得人憔悴；众里寻他千百度，蓦然回首，那人却在，灯火阑珊处。他们不为积习所弊，不为时尚所惑，当不能兼济天下时，也能独善其身。

《论语》中有被人们世代传诵的格言：性相近也，习相远也；己所不欲，勿施于人；君子成人之美；其身正，不令而行，其身不正，虽令不从；敏而好学，不耻下问；小不忍则乱大谋；岁寒，然后知松柏之后凋也；道不同不相为谋；三军可夺帅，匹夫不可夺志也；因材施教；学而时习之；诲人不倦；吾十有五而志于学，三十而立，四十而不惑，五十而知天命，六十而耳顺，七十而从心所欲，不逾矩等。这些格言的内涵既是道德，又是智慧，是一种从极其朴素的自然法则中演绎出的生命的大智慧。

中国传统优秀文化非常注重个人的修养，认为“修身”是“格物、致知、诚意、正心”的综合体现。要担当历史责任，就应提高个人素质修养，从优秀传统文化中吸取有益格言激励自己。如“平易恬淡则忧患不能入，邪气不能袭，故德全而神不亏”等。

儒家建立以“仁”为核心、以德为基础、以礼为规范的思想体系，追求实现“仁者爱人”、“礼之用，和为贵”的和谐社会。

古代把人与自然和谐统一，作为人生理想的主旋律；追求天人合一的审美境界，是古代审美意识的一个重要特点。

中国传统文化认为，自然界的普遍规律与人类道德的最高原则是统一的。古代思想家总是从人生出发去探讨自然，探讨的结果又用于人生；文学与自然是并生的东西，是反映“天经地义”真理的一种形式。古代文学理论认为，文学的任务是揭示宇宙的奥秘，作家的心灵受到“天人合一”宇宙观的影响，因而很容易与大自然融为一体。

我们中华民族是伟大的民族，是勤劳、勇敢、智慧的民族，有五千年悠久的历史和璀璨的文化，曾为人类发展做出了重要贡献。对先祖我们肃然起敬。

大自然是包容的。宇宙包容了银河，银河包容了太阳系，太阳系包容了地球，地球包容了万物。一张小小的元素周期表，几乎包容了所有的世间元素。一个小小的碳元素，几乎建构了所有的有机物。“海纳百川，有容乃大；壁立千仞，无欲则刚”。山不辞土则高，海不辞水则大。中国文化的博大精深，就在于它的包容。这是小院的包容美，和为贵。

16 世纪的欧洲文艺复兴，17 世纪的欧洲工业革命，诞生了西方工业文明。21 世纪正在并将继续经历工业文明的转型。而建立在工业文明基础上的西方文化，其价值取向特别重科学精神却轻人文精神。

人类社会正在经历着从标准化、均质化、物本化的周期震荡且激烈冲突的机械化时代（以资源和环境为代价的工业文明时代），向着个性化、多样化、人本化的全面协调持续发展、开放包容和谐、世界和平合作的信息化时代，不可阻挡而又艰难漫长地演进。这就需要人们的生产方式、生活方式、活动方式以及国际交往方式的深刻变革。市场经济的“经济人”以功利动机至上的人格对于自然界贪婪的占有，必然导致人与自然之间关系的紧张和敌对。资源的有限性同人的需求的无限性的矛盾，引发人与人之间的利益矛盾和冲突。在这一变革和演进过程中，我们中华五千年的优秀文化，也许会包容许多，或更加璀璨。

每每在小院与外国朋友聊起我们中国文化，我的自豪感就油然而生。

世代中国人的思想、价值观、行为习惯形成了中国文化，中国文化是中华民族几千年的积累、积淀、创新。中国文化影响着世代中国人，影响着世界。中国文化中最有价值的部分，应该是兼容并蓄、消化融和、创新精神，方显其泱泱大国气度，也才有今日的和谐社会、科学发展观。

一日读报晓得中国近年发展的“北京共识”或“中国模式”正被全世界瞩目，我几乎欣喜若狂。有博大精深的中国文化，有不屈不挠的中华儿女，全面建设小康社会，中华民族的伟大复兴何愁不能实现？

月移在了西山之上，茶仍在飘香，小院还是那么宁静。我收拢了漫长的思考，恋恋不舍地停住了对小院美的欣赏，带着教育梦回屋渐渐进入梦乡。

（笔者注：小院，校园里非常精致的中式仿古四合院建筑。）

为中华民族的伟大复兴而读书

——在高中生学习传统文化活动上的演讲

同学们，我非常喜欢中国文化，中国文化积极地影响着我。中国文化的博大精深不仅在线装书里，还在祖国的名山大川中，在名城古迹里，在典籍故事中。

我喜欢游历祖国的名城古迹，喜欢那里透出的浓浓的中国文化。

我去过江苏苏州园林，河南龙门石窟、少林寺，云南大理古城、丽江古城、茶马古道，四川成都武侯祠和杜甫草堂，北京长城、故宫、天坛、颐和园，山东曲阜、泰山、崂山，山西五台山、云冈石窟，陕西兵马俑、大雁塔、法门寺，甘肃敦煌，河北赵州桥等等。先祖们留下的建筑、雕刻、陶瓷、景泰蓝、武术等文化让我叫绝。

我经常走进博物馆，北京国家博物馆、陕西历史博物馆等，欣赏博物馆里略显陈旧的宣纸、书法、绘画、古琴、唐装、线装书、壁画等，为古人的艺术文化所折服。

我多少次寻找先人思想。儒家精神里对他人包容和关怀的“仁者爱人”，“修身、齐家、治国、平天下”精神；道家的“反者，道之动”和无为而治思想；还有把人看作全息的、和谐系统的“辨证施治”思维方式等核心思想文化使我惊叹不已。

同学们，我曾多少回被历史吸引。从河姆渡到黄帝陵，从莫高窟盛唐遗韵到八达岭巍巍长城，祖先披荆斩棘，历尽艰辛，开辟神州亘古荒原。我为他们创立了生生不息的华夏文明，开中国文化之先河而敬慕。

同学们，我每每翻阅古书，唐诗、宋词、元曲、明清小说。读到《西游记》里的幻，《红楼梦》里的情，《水浒》里的忠，《三国》里的才，为作者的匠心独具钦佩不已。读《红楼梦》，看到机锋、顿悟、妙谛，字里行间的韵味、智慧、哲理、艺术、创造，折射出一个伟大民族的文化。

我不止一次走过茶马古道，走过长征路中的一段，领略过蜀道难，真有“雄关漫道真如铁，而今迈步从头越”之感慨。“大漠孤烟直，长河落日圆”，“红军不怕远征难，万水千山只等闲”，何等艰辛，何等气魄，何等伟大。这就是我们中华民族的先人们之壮举。

同学们，听过“两弹一星”报告吧，看过科技馆、航天城吧，那么你们一定为祖国的现代科学技术欣喜。“坐地日行八万里，巡天遥看一千河”，嫦娥奔月，“弹指一挥间”。

同学们，当你聆听百年风云、复兴之路的故事，看到昔日“东亚病夫”今天是奥运冠军时，你会心潮涌动，“天翻地覆慨而慷”。

此乃先人、我们和中国文化。世代中国人的思想、行为和他们创造的物质文明成为中国文化；中国文化是中华民族几千年的积累、积淀、创新。中国文化影响着世代中国人，影响着世界。中国文化中最有价值的部分，应该是兼容并蓄、消化融和、创新，方显其泱泱大国气度，也才有今日的和谐社会，科学发展。

同学们，我们是当代中学生，一定会经历中华民族伟大复兴之光辉历程。一代代仁人志士是我们的榜样，五千年厚重文化让我们底气十足，现代化给了我们比古人更多的便利，开创新时代我们一路前行。

第三部分

教育的最优化与学习的最优化

——人文化:让校园成为师生成长的精神家园

爱，是教育的底色

在我诸多的案头书中，近日翻阅比较多的是由朱永新教授主编、湖南出版社出版的《我所理解的教育》一书。书中一个个教育案例，栩栩如生地再现了老师和学生之间的故事。故事中没有惊天动地的壮举，没有多少高深的教育理论，它的感人之处是把老师和学生们在校园里，在课堂上，在生活中，所发生的一件件真实的人与事、情与理讲给读者听。故事读来让人感动，为故事内容而感动，为我们老师们的"憨傻"而感动，为教育的"神灵"而感动，为那些"差生"的转变而感动，为教育的博大而感动，为主编提供好书而感动。

书中《青春年少，老师用饭碗替我们担保》的故事，讲述了当学生留恋网吧时，当学生打架面临学校开除时，当学生学习成绩落后时，老师没有放弃学生。老师的宽容给了学生改变的机会。老师的宽容是责任，是自信，是人格。老师以海纳百川的胸怀去感化学生，暗示学生，诱导学生，影响学生，给学生反思的机会、自我选择的空间、自我进步的主动权。学生改变了，改变进步后的学生把老师不离不弃的教育比喻成太阳的恩泽。

在日本作者写的《爱的一课》的故事里，愤世嫉俗、穷途末路、投海自杀的男孩经过教育成长为一个有生气、有追求、有爱心的青年，令我们读来愉悦。故事告诉我们，教育要尊重人的独特性，教育以爱为基础，教育的目标之一是要帮助孩子们发现自己的价值。

《一堂课能不能挽救一个学生的生命?》的故事更让我感动。当老师发现一名学生在日记中写下遗书性质的文字后，组织学生共同学习《善待生命》一文。老师与学生的生动的、充满情感的对话，唤起了学生对生命的渴望，让学生体会到了活着真好。这是老师善待学生、善待生命、把握教育机会的匠心独运之举。课堂教学是学生生命的过程，那么我们老师有什么理由不去用生命拥抱课堂教学、拥抱学生呢？当孤零零的梅花在旷野中，即使"零落成泥碾作尘"，也"只有香如故"，这就是生命。每一个生命都是珍贵的存在，每一个学生都是珍贵的存在，老师们要珍惜啊！

在《大裤子》一文中，曾经狡猾懒惰的学生讲述了他的校长用严格的真爱，用宽怀、温柔、执著感化了他，改变了他。懂事后的学生，发自内心呼唤——真爱是伟大的。师爱，能创造出许多奇迹，创造出许多新的人生。

读来，每次都被书中许多故事感动。读来，我进一步理解了教师是人类灵魂的工程师，是太阳底下最神圣的职业。爱是教育的底色。

每每放下书，我思考得最多的还是教育。朱永新教授在书的开篇即谈到，教育伴随着生命的繁衍生息，成了每个时代永不缺席的话题。人们对教育充满了想象，充满了期待，同时也充满了困惑。什么样的教育才能让生命飞扬，让生命有意义，让每个个体真实地存在于社会之中？是啊，问得好。我们留给孩子们什么样的未来世界，关键在于我们留下什么样的孩子们。“每个学生都是珍贵的存在”，教育的“人性化”绝非是老师的施舍，而是学生应享受的权利。

“得英才而教育之”也许是许多老师的职业幸事，而把“差生”教育成英才不是老师们的更高境界吗？无论是教育英才，还是转变“差生”，都是我们教育工作者的天职。履行我们的天职靠老师的博爱人格，靠老师的真诚智慧，靠老师丰富的知识，靠老师厚重的文化底蕴，靠老师的幽默，靠老师一生对教育的执著。教育需要激情，激情来自于全身心的投入和无私的奉献；教育需要诗意，诗意来自于浪漫的风格和炽热的情怀；教育需要机智，机智来自于敏锐的洞悉和准确的把握；教育需要活力，活力来自于年轻的心态和昂奋的工作；教育需要恒心，恒心来自于崇高的追求和勤奋的探索；教育需要创新，创新来自于求变的思维和不变的热情。

教师节时我有感而写了一首小诗《老师的演讲》：“老师的演讲，似清丽的小溪，涓涓流淌；似飞流直下三千尺，怒吼飞浪；似牧童吹笛，碧波荡漾；似琴师奏鸣交响曲，声心合唱；似春雨润物，细腻无殇；似暴风骤雨洗尘埃，乾坤朗朗。老师的演讲，播下爱的火种，吟唱真理的篇章。”小诗是我对身边教育同事的教育观、学生观和他们教育行为的欣赏。

《你是地平线》一书，收录了我的几篇教育拙文。文后附了应主编之命而写的我的个人简介：包祥，婴儿学步时，便受中华传统文化之熏陶，喜欢享用粗茶淡饭布衣裳，喜欢注目大海的波涛与壮阔，喜欢化学对物质的理性认识。一生酷爱读书，偶尔有文章被编辑部错爱而见诸报端，在诸多案头书中也有几本是自己试着编著的。做教育是家族的选择，走遍大江南北，也赴欧美东南亚，探寻教育之真谛。在校园常说，每个孩子都是珍贵的存在。无可炫耀的光辉业绩，像小草依附大地，不为积习所蔽，不为时尚所惑，在三尺讲台与琅琅的读书声中，真诚做人，踏实做事。这也许就是弃浮躁与功利，而我选择了教育，并在教育行为之中实施着爱，追求教育理想与民族理想的和谐统一；追求人的自身发展和社会需求的和谐统一。

教育只有爱还不够，现代学生是追星族，我们的老师们只好要做明星。以老师的人格魅力、知识魅力、语言魅力、与学生交流的艺术魅力、教学课件魅力、得体的着装魅力、创设学习环境魅力等，成为学生心目中的明星，为学生努力创造愉快合作的学习环境、友爱融洽的人际环境、多彩自主的生活环境、优秀文明的精神环境，来实施我们人民教师的伟大之爱。

爱是教育的底色。老师的爱，唤起了学生对生命的渴望，让学生体会到了活着真好。教育的“人性化”绝非是老师的施舍，而是学生应该享受的权利。

不要让孩子们忘记自由

学校教育不要让孩子们忘记自由。减轻学生沉重的学习负担，关系到学生的身心健康成长。减轻学生学习负担已经成为大家关注的话题和努力的行为。减轻学生沉重的学习负担，需要全方位共同去努力，就学校层面来说，处理好“学与教”的关系很重要。“学与教”的关系，是学校教学里很重要的关系。处理好“学与教”的关系，关键在老师。“学与教”的问题，学生遇到，老师遇到，家长遇到，教育专家也遇到。就“学与教”的关系而言，有的学生主张多听老师讲课；有的学生学习习惯上不完全听老师的，很大程度是自学。老师有的实践以老师为主进行教学，以老师的讲为主；有的运用体现学生主体地位，更多是让学生自己学习或相互讨论学习。很多家长的方法倒是比较灵活，也透视着他们的无奈，一方面要求孩子们到学校认真听老师讲，另一方面还要孩子依靠自己学习。教育专家们关于“学与教”或“教与学”的研讨很多，几乎是五花八门，结果无非是两种倾向：一方强调以老师为主，一定多讲；另一方则主张学生是主体，把学习的权利还给学生，让学生积极主动去学。就像讨论先有鸡还是先有蛋，无穷尽的讨论。

近日，国际经济合作与发展组织发布了《营造有效的教与学环境的首次调查结果》，即教与学的国际调查的最新报告。报告通过学校校长和教师自身的实践和视野，透视着影响教师教学及成效的各种问题。调查对象是中小学教师和校长。安赫尔古利亚秘书长在发布这份报告时说：“高质量教师是教育政策成功实施的要害，假如没有教师及其工作质量的提高，教育整体质量的提高是不可能的。”秘书长似乎道出了教师在教育中的重要性。

报告指出，教师是知识的直接传递者还是学生学习活动的参与者、支持者？这种争论不仅存在于学术界，也直接体现在教师对教学的态度和行为上。北欧各国、澳大利亚和韩国的教师更认同教师作为参与者和支持者的角色，而在南欧国家、巴西、马来西亚，持两种观点的教师平分秋色。几乎所有国家的教师都倾向于将课堂教学看作是一种需要精心组织的活动，而不是由学生主导的自由活动。

报告中还谈道，校长们更愿意在教师评价中加入教学创新方面的标准，为教学有困难的教师提供支持项目。

我曾有机会几次访问美国克利夫兰的HB女校，在该学校听了许多节课。她们的课堂教学是比较自由的，老师讲的不多，没有大段讲述，更没有满堂灌输型课。学生在课堂上很活跃，很自由，积极发言讨论，老师答疑。

英国著名的伊顿公学也主张自由教学。他们主张学校给孩子们的知识是他们将来的基石，让他们将学到的知识在生活中应用，最大限度激励学生的能力，让学生主动向导师提出问题等。

德国教育家菲拉·费·比尔肯比尔说:孩子在家里学东西越是自由,他将来在学校里的压力就越小。而一个孩子在家里学习自己动手的机会越少,他日后在学校感到的学习压力就越大,而且是不自由的不自主的。换句话说,在您帮助您的孩子尽量地自己动手时,您就会为您孩子的未来奠定了一个极重要的基础,这事从纽扣开始,而到学校的家庭作业也远远尚未结束。“没有自由就没有知识”,这句话从任何时候来说都是真理,教师一定要给孩子自由,但自由不是放任,不是替代。自由不是让他们在家中做皇帝、公主。学校整体来说真的不是很自由,学校不可能让全体学生那样的自由。自有了班级授课制之日起其实在某些方面就限制了学生的自由,当然这种限制并不是说孩子没有自由,而现在的应试教育的自由度就更低了。不要让孩子们忘记自由,忘记自由就会把自己的人性忘记了,就会做出许多极端的事。

我看过有关犹太人为什么富有创造性的文章,其中就说到犹太民族十分重视教育,持有开放的、自由的教育心态。

这是著名的《孩子给老师的请求书》([法]雅克·萨洛美(舒子译)):

请教我们热情
请教我们发现惊奇
请不要只给我们答案
请启发我们去发现问题
请接受我们的疑问
请教我们尊重生命
请让我们学会交流
分享和对话
请教我们所有的
交流的可能
请不要只给予你们的知识
请让我们去发现真正的渴望

请接受我们的叛逆
和我们的探索
请教我们在生活中长大
请教我们找到最好的自己
请教我们去观察
去探究和触摸那些难以名状的东西
请不要只教我们知道如何去做
请让我们去体会
参与和责任
请接受我们的创造力
为未来设立航标
请让我们与世界认识
请让我们的理解
远远超越表象
请不要仅仅给我们
一些逻辑和一点真理
请启发我们去探寻意义
请让我们去漂泊和探索
教我们投入一次更热烈的生命
请认真对待我们的梦想
请整理好你们的批评和结论
请不要反对任何障碍
而应帮助我们克服
最重要的是
使你们有可能这样与我们一致

读《孩子给老师的请求书》你一定会很惊讶，你一定会受深刻的启发。中国人对教育的理解与西方人有相同之处，也有差异。我们的先祖在培养孩子时，注重从小培养孩子走入社会去做人，所以才有启蒙教育的蒙学，和做人处世的四书五经。孩子的成长过程是逐步进入人类社会的过程，而不是别的。而科学发展后，人们大多把孩子的教育定位在学习知识上。我们用对科学知识的认识衡量，对于西方发达国家来说我们落后了。其实，落后的不是我们的祖先，而是我们。我们放弃了祖宗的教导，让孩子们学习许多无用的知识，给孩子套上许多枷锁。如果把孩子从小学到高中所学习的书放到一起，是很多的。然而，如果从宏观来看这些知识，并用中国人对知识的认识来教授孩子的话，确实用不了12年的时间。

学生到学校是来学习的，学习知识，这里包括做人的道理。孩子们来学校时是很自由的，学校教育不要让孩子们忘记自由。

我们探讨“学与教”的关系，若用内因和外因的关系来说，学生的学是“学与教”矛盾的主要方面。这里有个重要的前提是，孩子们是有感情的，孩子们是爱学习的，孩子们是有智慧、能学好的。古人说：“师傅领进门，修行在个人。”这也说明学习是学生的事。

学生学习需要条件。老师是外因，外因通过内因而起作用。老师这个外因为学生提供学习环境。如提供学校，提供有花草树木、小桥流水优雅环境的学校，提供有运动场和图书馆等条件的学校。老师为学生提供教室，提供宽敞明亮的教室，提供有些文化氛围的教室。老师要为学生提供学习书籍。化学老师要为学生提供化学实验仪器，语文老师要为学生提供抑扬顿挫的精彩文章朗读，数学老师要带领学生计算运动场的面积，物理老师呈现一组物体受力图，音乐老师为学生弹奏一曲优美的钢琴曲，政治经济学老师面对学生进行10分钟的对金融危机出现原因的透彻分析，等等。这些必要条件，能诱导着学生自由地去学，精神饱满地去学，积极向上地去学，在老师指导下去学。

在“学与教”关系中，老师还是要讲的。老师的讲是学生学的必要条件，包括老师的朗读、提问、设疑，包括老师组织的教学活动，包括老师呈现的教具，包括老师留的作业，都是为学生的学习扫除障碍、提供环境、形成知识的诱导。

老师的讲，不能替代学生的学，而是激励学生的学习。老师的活动，不能替代学生的活动。不要让孩子们忘记自由，很大程度上在于老师，在于学校。

而作为学生，也都各有其“读书哲学”。有的学生坚信学习靠积累，坚信“笨鸟先飞早入林”，相信一分汗水会有一分收获；而有些孩子则坚信“聪明有种”，天生愚笨的人再怎么努力也是白搭，“越勤越显其拙”，因而根本不愿意多下功夫。持这两种不同观念的孩子在学习上可就不一样了，对于自己学得好、有成就的科目，可能还没有明显的区别，可一遇到难度大、学不好、不感兴趣的科目，前者可能还会踏踏实实一步一个脚印地学下去，后者则可能很快就放弃了，结果当然也会很不一样。从孔老夫子开始，教育就提倡“因材施教”，主张根据学生的不同特点施以不同的教学方法，提不同的要求。因此，教师必须了解学生的个性特点、成长环境和我们的教学环境，了解学生的学习能力、学习习惯和学习方法，才能有的放矢，因材施教，实施你的教学。

教师的教学风格，教师丰富的情感，教师对教育的热爱、对学生的热爱，教师丰厚的文化底蕴，教师高雅的举止等等，对成长中的孩子们影响是非常大的。这就会“名师出高徒”，我们当然希望“青出于蓝而胜于蓝”，从宏观上说也是必然的。

现代社会又是网络社会，科学技术的迅猛发展，要求我们的一代新人不仅要掌握丰富的知识，而且必须具备独立探索知识、运用知识的能力，具备善于合作的能力。在“学与教”过程中应该使学生获得扎扎实实的知识，有自由获取知识的能力，有良好的心理素质和不要让孩子们忘记自由。

我把这篇名为“不要让孩子们忘记自由”的关于“学与教”的讨论文章放在博客上，好多博友跟帖，热议“学与教”的话题，有的分析很深刻，入木三分；有的讲述故事，很令人思考；有的则满怀期望，在翘首以盼。他们是来自教学第一线的老师，是学校的校长，还有家长们。现摘录几段如下：

博友一（老师）：我们这里的学校开始落实绩效工资啦，除了校长之外所有的老师都去上课了，对学生比从前要求得严多了。哪个老师教的班级的学生考得成绩好、升学率高，那个老师的工资就高，学校和老师都认同。学生想在学校里玩是以前的事了，以后一个时期学生在学校里很可能玩不成了。学生在家都忙着做作业，不大用家长说“你学吧”，学生真的在家也不敢玩了。各位老师都比着管理学生、教育学生，都想有个高收入，老师和学校都很听话，到现在还没有听说有哪一个老师不愿意拿绩效工资的。

博友二（老师）：大家总是说，学习不是唯一的出路，但我想对于大多数人来说，学习也许真的是最好的出路。

老师们也不想让学生忘记自由，也不想让学生忘记快乐，但是无论是老师还是孩子甚至是家长都很难逃脱来自于社会的压力。进入一场游戏，有谁希望成为输家？不希望，就要按游戏规则进行，结果，我们忘记了自由，忘记了快乐。如果既不想成为输家，又不想失去自我，那就恰到好处地找到那个平衡点。谈何容易啊！

博友三（校长）：我们的老师大多不是缺少工作的付出，而相对缺少的是对教育的系统思考。自由应该是孩子享受的基本权利，但当我们为了孩子的自由和快乐、健康去付出的时候，我们往往都会沉陷于管理者和老师对“自由”的认识与把握过程中“度”的问题。一种教育现象的背后往往要有上百个因素的影响。曙光虽然有时不能驱赶黎明前的黑暗，但是阳光是迟早会到来的！我们是戴着枷锁与脚镣为教育起舞的人！

博友四（家长）：在“教与学”中，老师起着主导作用，这个作用不是压制，更不是剥夺学生的自由，而是最大限度地激发作为学习主体的学生的学习兴趣和动力，引导孩子们如何独立自主地学习，教的目的就是要让学生学会学习，这是家长们的期盼。

博友五（教育局局长）：新一轮课改需要教师适应新课程标准，积极转变教育观念，追求一种全新的教学方式，创设自由的教学氛围，来适应新课改和学生的需要。所以，教师要在教学中转变角色，让学生充分参与课堂教学活动，展示个性，真正成为课堂的主人。

博友六（校长）：很多时候我们的文本教学应该是“在练中发现，在练中生成，在练中提升”，但是多数是被我们老师替代了，学生学的自由都没有了，哪还有其他的自由。在多数老师那里学生就是知识的容器。我们呼唤理性，还自由给学生吧。

在此感谢博友们的热议，感谢博友们对教育的关注，感谢博友们对学与教问题的积极探讨。

教育的最优化要转化成学习的最优化

——引导学生学会学习

联合国教科文组织出版的《学会生存》一书指出：“未来的文盲，不再是目不识丁的人，而是没有学会怎样学习的人。”世界教育改革的目标之一就是终身学习。有人说，终身教育的提出能与当年哥白尼提出日心说相媲美，足见其重要性。终身教育，即终生学习。终生学习是人们对知识一生的享用。

学习是一种科学。学习科学有两重含义：一方面是指对科技的学习，即研究如何使学生通过学习科技，获取知识，掌握获取科学的方法，培养科学精神、科学态度和科学研究能力。另一方面是指，为了科学地学习而研究学习的科学，即把学习置于有关科学的指导之下。学习的科学，研究学习的规律，研究学生如何有效地从原有知识的转移，如“温故而知新”、“举一反三”和“触类旁通”等都很好地表述了学习的规律。现在研究学习科学主要有两类方法：一是从现有教育学和心理学，以及成功的实践中提出规律；另一种是基于跨学科的更为基础的研究，它涉及教育学、认知心理学、神经科学、发育生理学、计算机科学、人类学和社会心理学等学科。国际上提倡的“探究式学习”或称“主动式学习”的学习思想和实践，就属此类。

现代社会显现出了人类知识总量迅速增长的特点。英国科学家詹姆斯·马丁推测，人类科学知识在19世纪是每50年增加1倍，20世纪中叶是每10年增加1倍，到了70年代每5年增加1倍，而目前有专家估计每3年增加1倍。这些推测数据是否准确姑且不说，仅就其反映出的科学知识的增长越来越快的现实和发展趋势却是千真万确的。与此同时，与新的科学知识迅速增加相联系的是知识的急剧陈旧化。科学理论从发现到实际应用成功的时间间隔也越来越短。如摄影术从1727年至1839年，相隔112年；电动机从1821年至1886年，相隔65年；真空管从1884年至1915年，相隔31年；电视机从1922年至1934年，相隔12年；原子弹从1939年至1945年，相隔6年；太阳能电池从1953年至1955年，只有2年时间。因此，现代社会，科学技术转化为生产力特别快，生产设备更新加快，产品不断更新换代，技术工种也迅速汰旧易新，这些都必然促使人们不断去学习，从而适应时代的需要，开创美好的未来。

近些年来，我国的新课改推进了中小学改革教学方法和教学模式，优化教学过程等，并积累了许多成功经验，取得了很大成绩。在对学生的学习指导上或者说学生掌握学习方法上应该说还有待加强。

我们主张在教学中教师应注重对学生的学习指导，并使学生形成良好的学习习惯，掌握科学的学习方法。

一、学习指导的内容

学习指导是指教师对学生在学习过程中的学习道德、学习心理、学习内容、学习方法、学习环节等方面进行全方位的指导，并使其内化、升华，从而使学生有效地掌握知识，提升智慧，形成品质。

1. 学习道德指导。

着重帮助学生确立正确的学习观、学习目的，树立科学的学习态度，形成良好的学习习惯。

2. 学习心理指导。

着重帮助学生养成良好的学习心理品质。这里着重在两个方面：一是在智力因素方面指导学生如何观察、记忆、想象，分析问题、解决问题，如何创造等等。二是在非智力因素方面，指导学生如何端正学习态度，培养学习兴趣，增强学习毅力，控制学习情绪，养成良好的学习习惯等。

3. 学习内容指导。

着重帮助学生在不同的学习阶段，重点在小学、初中阶段，针对不同学科掌握学科思想、学科发展、学科知识，包括学习技能和技巧等，以及培养对学科的情感。

4. 学习方法指导。

着重帮助学生掌握科学的、一般的学习方法和分科的学习方法，如文科的、理科的。或叫数学学习方法，中学数学学习方法。语文学习方法，其中包括阅读方法、写作方法等。化学学习方法，学会实验，学会探究，学会写化学实验研究报告等。

5. 学习环节指导。

着重帮助学生掌握制订学习计划，课前预习，专心听讲，课后复习，独立作业，课外学习（如阅读、调研、探究等），总结提高等环节。课堂教学中的学习，如听、读、写、说、动手，回答问题的主动性、积极性、探究性等。

学习指导不仅是方法指导，更重要的是学习品质的形成和学习兴趣的培养，是对学生学习过程的全方位指导，使学生学会学习、乐于学习、终生学习。

二、学习指导的意义

从理论上讲，学习指导是学习科学的重要组成部分，它弥补了教学论长期存在的管教不管导的缺欠；从实践上看，它是把“教学”的“教与学”改为“学与教”，并在学与教两者间找到了结合点或结合部。它是当前大面积提高课堂教学质量的一个切入点和突破口，或者说让更多的学生进入学习状态，有兴趣学习，掌握知识的必要措施。

1. 学习指导是学习理论向实践转化的中介环节。

学习指导是使学生学会学习，形成良好的学习习惯的重要环节。

学习指导具有明确的目的性，即引导学生学会学习。

学习指导具有较强的针对性，即针对学生的学习状态和学习实际，需要什么，就指导什么。

学习指导具有高效性，使学生在较短时间内改变学习状态，得到较大的学习收获。

2. 学习指导是联结学习理论与学习实践的纽带。

有了学习指导这一环节，就缩短了理论与实践的距离。更重要的是减少了错误，即减少了学生因为没有学习指导而导致成为学习困难学生的错误，或减少了不必要的错误尝试行为，减少了盲目性。那么，可以这样说，有了学习指导环节，学习过程就会少产生学习“差生”。为了不产生或少产生学习“差生”，要在学生学习环节进行必要的学习指导。

3. 学习指导是推行素质教育的重要方面。

素质教育是面向全体学生的教育和使学生全面发展的教育，是重视每个学生个性发展的教育，也一定是使学生会学习爱学习的教育。学习指导有利于大面积提高教学质量、教育质量，有利于克服学生在学习过程中出现的一些问题。学习指导特别有利于学生掌握学习后，会自学，会探究，进而形成良好的学习习惯。

现在有些课堂教学的弊端表现为重“教”不重“学”、重“知”不重“思”的扭曲性；由老师满堂“灌输”，不让学生“实践”的强制性。

有的教师在教学过程中把学生当知识储存的“容器”，靠“外力”把教学内容“灌”给学生，“压”给学生。而素质教育的课堂教学应是突出“学”字，从学生“学会”转移到培养学生“学问”上来；突出“乐”字，使学生从“要我学”转到“我要学”上来。学习指导是落实课堂教学中教师指导学生的有效学习方法。

学习指导符合世界教学改革的发展趋势。重视对学生学习的研究已成为当今世界教学改革的一个热点。苏霍姆林斯基强调培养学生的学习能力；布鲁纳的“发现法”主张使学生科学地了解知识，培养学习能力；巴班斯基认为教育的最优化必须落实到学习的最优化，并提出了学的最优化方法；德国教育家瓦根舍因也主张提高学习者的学习能力。

学习知识很重要，学习的过程和能力更重要。学生在学习过程中得到乐趣和满足。世界知识两三年翻一番，不具备学习能力就无法面对知识的迅猛增长。

三、学习指导的目的

1. 学习指导的目的要求。

使学生逐步树立正确的学习观，激发学习动机，掌握科学的学习方法，运用正常的学习环节培养学习能力，形成良好的学习习惯，并形成品质，有效地提高学习质量。

教师要更新教学观念，掌握学习指导的方法步骤，探索学习指导的规律，提高教书育人的能力。

2. 学习指导的阶段重点。

幼儿阶段：初步培养幼儿热爱大自然的情感，欣赏大自然的美。在欣赏自然和学习生活的过程中对学习感兴趣，并把学习寓于游戏之中，在游戏之中观察，思考。

小学阶段：培养学生热爱自然、热爱生活的情感。在热爱自然、热爱生活之中逐步培养学习兴趣，初步养成良好的学习习惯，初步了解、掌握正确的学习方法。

初中阶段：要求学生掌握正确的学习方法，系统地掌握如何制订学习计划、课前预习、认真听课、及时复习、独立完成作业、总结提高、课外阅读、课外活动等常规的学习方法，掌握各学科的一般学习方法。

高中阶段：在系统地掌握正确的常规学习方法的基础上，重点掌握语文、数学、外语等分科学习方法，结合学习掌握一点学习心理及思维科学的常识，培养自学能力，为终生学习打下良好基础。高中生形成阅读习惯很重要，一定要使高中生每年都有大量的阅读。

四、学习指导的原则和形式

1. 学习指导的原则。

学习指导和课堂教学改革同步的原则。如果课堂教学满堂灌、一言堂,学习指导就没有意义了。课堂教学一定要让学生去学习,让学生读、说、写、练、讨论、实验、探究、社会调研、网上查阅等等。

学习指导与育人相结合的原则。学生学习的过程也是成长的过程。伴随学习,学生要掌握知识,形成品质,要有成就,学会合作等。

理论指导与培养实际能力相结合的原则。使学生在读、说、写、练、讨论、实验、探究、社会调研、网上查询等过程中体会老师对学习指导的辅导。

集体指导与个别指导相结合的原则。个性化的指导是因材施教,每个学生的性格不同,形成的学习方法有些差别是正常的。

学习指导与学生心理发展水平相适应的原则。学习指导要关注学生心理的变化,心理发展水平与老师的辅导要一致。

评价与反馈相结合的原则。

2. 学习指导的组织形式。

课程讲授形式:可以列入课表,老师系统讲授有关的学习科学知识。

专题讲座形式:针对学生学习情况不定期地进行专题讲座。

学习环节渗透形式:以学习环节,如计划、预习、听课、复习、作业、课外活动、总结等为主线,把学习指导由老师渗透在教学全过程之中。

具体学科渗透形式:以具体学科教学为主线,通过教学活动把学习指导各因素有机地渗透其中。

经验交流形式:学生之间总结交流学习经验、体会,相互取长补短,改进学习方法。

诊断治疗形式:针对学生学习上存在的问题,老师有针对性地进行学习指导,矫正学习偏差,对症下药,解决问题。

自学辅导形式:指导学生学会自学。

家长辅导形式:把学习指导引进家庭。家长与老师共同进行学习指导,效果也许更好。前提是,家长一定要懂教育,掌握学习指导的方法。

以上各种,以学科渗透、学习环节指导为主,运用各种指导形式要注意科学性、针对性和实效性,要注重学生的感受和接受程度。

我们的目标是让学生学会学习。

我们要提醒学生，未来的世界所需要的绝不是通过一级又一级考试走出来的人，机会给那些能够不断地对自己和高于自己的人说出一个个精彩的“不”的人，是那些富有创新意识和持久的建设心态的人。

班主任是学生的人生导师

班主任是学生的人生导师，这是我自己上学时的初步体会。

班主任是学生的人生导师，这是我做班主任之后，在实践之中的深刻体会。

班主任是学生的人生导师，这是学生给我来信时经常说的话。

班主任面对全班级天真活泼的一群学生，有无尽的喜悦；然而面对成长中的一群孩子们，让你也会有许多烦恼。班主任每天都会遇到许多问题，每天都在解决问题。学生的问题，都是成长中的问题，进步中的问题。我曾经做过8年班主任，当我每接一个新班，都会以不同的方式对全班学生做一个以学习为主要内容的测评，主要是了解学生的基本情况。然后我从哲学角度去分析，找出学生的主要问题是什么，分析形成的主要原因是什么，积极确定改进的办法。这就是一位班主任工作的开始，这也许就是人生导师面对学生应该做的。

首先要了解主要问题。一般问题的特征是学生们智力正常，而学习成绩非正常。问题症结一般在于有的学生自我观念淡漠，自信心差，没有很好的学习习惯，更没有形成稳定的毅力品质，学习无持久性，无积极性。

其次要找到主要原因。学生起始的成长基本在同一条起跑线上，而有的学生由于学习的反复失败，成为“学习困难”学生。学生失败的原因很多，有社会的、家庭的、学校的和自身的，也有教师对学生评价的原因。教师评价学生往往好生少，差生多。一般学生有两重性，即勤奋感和自卑感。成人、老师们都希望得到他人的表扬，何况天真烂漫的孩子们。因此，教师评价学生要鼓励其勤奋感，淡化其自卑感。

最后要拿出主要办法。班主任首要的任务是建设积极的班风，凝聚全班同学，给同学们“家”的感觉。班主任一定要消除学生与老师的对立情绪，消除学生们的不自信，在班级形成和谐友爱的师生关系，形成生动活泼的课堂教学氛围。教学上，有时教师抓得紧，管得严，效果反而不好。一是师生关系紧张，二是学生这个学习的主体没落实到实处。

班主任是我国目前学生教育的最基本单位——班级的组织者。我们的教育不能向社会输送“失败者”。初中毕业不读高中的和高中毕业不上大学的学生，不能让他们以“失败者”心态进入社会。你今天向社会输送一名“失败者”，明天他也许就会成为贫困户，后天很可能滑向犯罪。不让学生成为“失败者”，把关的人就是班主任。

班主任要经常对学生做全面分析。成长中的学生爱动、爱问是他们的天性，每个学生头脑中都有数不尽的问题。老师们不要阻止学生的敢问和爱问，这是他们一生中非常珍贵的习惯。班主任只要鼓励那些爱问的学生，研究型学习之风在你的班级就会悄然兴起。人是要成功的，社会需要成功者。在马克思主义创始人看来，所谓人的全面发展，就是指人的智力和体力都得到充分自由的发展。按这一观点，人类特性应是自由、自主的活动，人的身体活动、心理活动应全面发展。

“教育首先是以培养健全人为目的。”许多发达国家规定的基础教育目标是“使受教育者具备作为国家公民和世界一员的所应有的素质”。发达国家对现代公民的素质，突出强调以下几个方面：(1)在思想道德上，强调高度的爱国主义、正确的价值观念、明确的生活目标、强烈的社会责任感和科学精神。(2)在科学文化素质上，重视理论素养的知识视野，重视综合能力强的通才。(3)在心理素质上，重视对人的活动起定向调节作用的素质，如兴趣、意志、价值观等。(4)强调环境的调适能力、人际间相容能力、受挫折能力。

欧洲文艺复兴以后，夸美纽斯认为教育不能使学生厌恶学习，而应使学生“能被一种不可抵抗的吸引力诱导着去学习”。知识的获得在于求知的志愿。19 世纪末，卢梭提出教育要尊重学生的个性与自由，让学生在教育中同时得到进步和快乐。斯宾塞列主张，教学效果是与学生学习时所得到的满足和乐趣成正比的。教育者应把教育教学过程中学生情绪是否高涨、愉快，当作评价教育教学活动的重要标准。马卡连柯主张对儿童“尊重与要求相结合”，对儿童进行“前景教育”，让儿童获得“明日的快乐”，“从简单的原始的满足一直到最高的责任感之中得到快乐”。

1. 班主任要确立自己的教育基本思想或是对教育的基本价值取向。

教育首先应使学生形成良好的行为习惯，终身受益的好习惯。包括学习习惯，文明行走习惯，礼仪交往习惯，遵守法规习惯，尊老爱幼习惯，爱护公物习惯，关心他人习惯，乐观豁达习惯，等等。

班主任及所有教育工作者、家长、社会对正常发育的孩子要树立两条基本信念。第一，每个孩子都是珍贵的存在。教育应该公平地对待每个孩子。每个学生都应有独立的个性。第二，坚信“天生其人必有才，天生其材必有用”。“人无全才，扬长避短，人人成才。”这就是说，只要不是白痴，人都是有才的，只是需要教师、家长等外因相信他们，帮助他们发现自己并提供条件和正确引导，鼓励他们，使他们自信、自尊、自强，以不断获得进步。

班主任对学生“严”一些“是因为你有缺点，所以你必须应被雕琢”；“宽”一些“正因为你有优点，所以你会继续进步、提升”。这不仅是一般的认识，这也是教育思想的不同。前者是约束教育，所谓的规矩原理，无规矩不成方圆的思想，或者是属计划经济下的就范教育，计划经济的最高品质是服从。计划经济不需要选择，培养的学生是“绵羊”。而市场经济呼唤会选择、能创造的“雄狮”，我们的教育恰恰应是给学生以期望，以机会，以选择。

班主任对班级学生一定持这样的学生观：人人都有发展的权力，人人都有发展的潜力，每个人的发展有所差异。学校教育要高度尊重学生的人格，教师要树立“学生在我心中”的思想。要像爱惜自己的眼睛一样爱护学生，要像爱惜金钱一样爱惜学生的时间。让学生树立起“我能行”的观念。

班主任和任课老师都应确立这样的课堂教学观：变教师带着学科走向学生为带着学生走向科学的殿堂。这是两种不同的教学观、学生观。

班主任要坚持做人比做学问更重要的德育原则，营造宽松和谐积极向上的班风和友好融洽的人际氛围，引导学生先做人，做好人，再做好学问。

学校教育应使学生形成稳定的品质，这里最重要的是形成良好的学习习惯和文明的行为习惯。稳定的品质的形成，始于班级，始于班主任。

班主任应特别关注班级里学习有困难的学生。班主任应有这样的认识：一是学习"困难学生"是一批潜能未被发现或未被完全开发的学生，而不是没有能力的"笨学生"；二是"学习困难"学生同其他学生一样，具有很大的发展潜力，困难是暂时的，他们也有学习的愿望、学习的需要和学好的可能。老师必须从"学习困难"学生的特点和实际出发，端正教育思想，改变教育方法，明确教育目标，立足于多方面为学生创造学习机会，激励学生学习的内部动力机制，唤醒自我意识。老师要促使学生改变自我评价，自我开发内在潜能，逐步地爱学习，学习有进步，逐步养成学习的好习惯。

班集体重要的是要给学生"自我"，给学生"自主性"，给学生"勇气"。这就是教育要承认学生的差异，给学生创造独立支配的时间和空间，并让学生敢想敢为。优秀的班集体必须营造一个有利于培养创造思维的环境。头脑不是容器，而是支需要点燃的火把。"星星之火，燎原大地"，点火人就是班主任。

班主任要相信学生，班级管理要以学生为主。以"师生合作"精神为旗帜，师生共同成长已经成为现代社会一种必然的趋势。

班主任要学会营造班风，创造一个适于学生年龄特点，有利于学生健康成长的环境，开辟一条有利于学生学习的教育教学途径，培养学生形成一种成功心理品质，形成一个支持学生成功的激励机制；建设班级文化，用文化影响学生。美国哈佛大学校训是"为提升智慧走进来，为更好地为祖国和同胞服务走出去"。广州中山纪念中学校训是"祖国高于一切"。山东高密第二实验小学校训："让每个孩子都获得成功。"环境育人，是隐性教育，让教室的每面墙都面对学生说话。班主任要有能力、有魅力形成以自己为核心的班级授课教师群体，所有任课教师对学生的学习都抱有积极的期望与要求，坚信每个学生都能学好。教师应给学生这样的信息：学习别怕困难，教师在你身边。师德的本质是爱。教师要面向全体学生，克服定型心理、厌弃心理、偏激心理；不要认为好生总好，差生总差。教师的学生观是关键所在。班主任不仅自己在课堂，而且应合作所有任课老师共同营造一个民主的生动活泼的课堂教学环境。多让学生动手，动脑。发挥他们的兴趣、爱好、个性特长和创新能力。课堂教学让学生动起来，让学生在教师的评价中进步。

2. 班主任教育学生的三部曲：一是设期望，二是给机会，三是善评价。

第一设期望。是教师对学生有积极的期望和要求。期望是美国社会学家和教育家佛隆于 20 世纪 60 年代提出的。他认为，人们的期望值越高，则取得的成就也就越大。期望包括：①远景性期望，即教师对学生的看法。教师对学生的看法，有时对学生的终身产生极大的影响。所以，应该是积极的、向上的，多看到闪光点。老师相信学生是远景性期望的核心。②近景性期望，即学生学习过程中的具体目标和教师对学生提出的具体要求。

第二给机会。是教师多方面为学生创造学习的机会。教育方法：发现、尊重、提升。发现，即发现学生，了解学生。尊重，即尊重学生，爱护学生。提升，即提高其自主性。

给学生机会，把学习机会给学生，把活动机会给学生，是首先要做到的。给学生一个空间，一个属于学生自己的空间，属于全班学生集体的空间，让他们自己利用空间；给学生一定的时间，让学生自己支配时间与学习活动；老师在安排教学活动时，为学生设计问题，让学生在教学用书中，在图书馆，在网络上，或在相互讨论中，去找答案；当学生遇到困难时，让他们自己去解决，或几个人合作去解决；为学生出题目，让他们选择题目去做，选择难题目去创造；给学生权力，把学习的权力还给学生，把班级管理的权力交给学生，让他们自己去选择，培养民主意识。“给我一个理由，让我去追求。”卢勤说：“让孩子们树立我能行的观念。”教师积极诱导学生参加教育教学活动，让学生真正成为学习的主体，积极主动去学习，轻松愉快去学习，把课堂还给学生。通过学生对教育教学过程的直接参加，为学生创造主动学习的机会。还可以在班集体生活中，为学生提供发现自己才能的机会，并在集体发展的过程中，使学生处理好个人进步与他人进步和集体获取荣誉的关系。

第三善评价。评价有终结性评价和教育性评价。中、小学教育对学生的评价更多的是教育评价，18 岁以前，不要轻易给学生定位。教师对学生实施鼓励性评价，强化学生成功的体验。

评价的目的不是终结性评价，而是过程，是改进，是教育。

班主任及任课老师们评价学生参考的原则：评价的基本功能是促使学生发现自己；评价的基本出发点是找学生的优点；评价学生的主要方式是鼓励和表扬；评价标准主要是个体参照标准；评价宜以模糊为主（多是定性评价，少用定量评价）；对学生的失败要正确评价；扩大评价内容的范围；在多向评价流程中坚持以学生为主体。

班主任教育学生在设期望、给机会、善评价的三部曲中，第一阶段是教师发挥主导作用。以教师帮助学生为主，目标是实现学生对教育教学活动的积极参加。本阶段实行教师对学生的期望、机会、评价循环，即教师对学生抱有期望和要求，学生进步的愿望与要求得到激发。教师为学生创造成功的机会，促使学生主动学习。教师对学生实施鼓励性评价，学生得到进步成功的体验。这样之后，教师发现学生，学生发现自己。这一阶段是教师帮助学生的过程。

第二阶段是学生的主动作用。这一期间的特点是以学生自我开发为主，并由教师继续给予帮助、指导。学生产生自我期望和要求，主动争取进步成功的机会。经过这样反复循环，促使学生逐步形成积极、稳定的自我学习、自我教育的内部动力机制。这一循环的关键是从学生原有的认识水平出发，创造机会使学生进步。其中活动又是关键，只有通过活动，学生的认识水平才能得到进一步发展，进而促使学生从学习内部获得继续学习的推动力，从而把非智力因素的培养和认识系统的发展有机地统一起来。这一阶段主要是让学生尝试进步、提升的喜悦。

3. 学生的进步成长应是递进性的、主动性的、自信性和持久性的。

递进性，即循序渐进原则。“千里之行，始于足下。九层之台，起于垒土。”人类的进步、每个人的成长、学生的成功应该是阶梯形式。这是规律，符合青少年成长规律，遵循人的认知规律，也符合事物发展规律。面对“学习困难”学生尤其要渐进提升。

主动性，即内因主动原则。事物变化在于其内因，外因通过内因而起作用。班主任切记学生主动学习进步是最重要的。所以教师这一外因，诱导学生的主动发展进步要通过学生这一内因起作用。教师要让学生进步，学生则是“我要进步”。

自信、持久性，即毅力品质原则。“自信人生二百年，会当水击三千里。”自信、持久是科学家成功的秘诀。学习好的学生有意注意稳定性高，这不是纪律，是人的毅力品质，是自我控制能力。只有自信和持久才能进步、提升，无论是学生还是成人都是如此。

4. 班主任在具体教育实施过程中应做到：

(1) 从对学生动机、兴趣、意志、情感、性格等非智力因素入手，培养和教育学生，并以影响学生学习生活的主要障碍为着眼点，确定每个阶段的教育重点。从学生兴趣入手，培养其意志力，使其掌握良好的学习方法；从自我发现入手，培养成就动机，使其形成职业理想。通过反复循环、相互促进，学生的非智力因素就会得到和谐发展。

(2) 为学生开设心理常识讲座，帮助学生了解掌握认识自我、调整自我的一般方法，把消极的心理品质转化为积极稳定的心理品质。讲座内容和方法适宜兴趣化、故事化、生活化和个别化。

(3) 班主任可以设计班级配套主题活动，如设计“我想学习”、“我是意志坚强的人”、“祖国在我心中”、“我要做一个读书人”等系列活动或主题班会。老师切记一定要让学生自己说，让学生动起来，让学生抬起头来走路。

(4) 班主任和任课老师们一定要减轻学生过重的学习负担，这一点特别重要。老师们要主张把下半天还给学生自己支配，让学生有欢乐的学生生活、充裕的时间，才能谈得上学习，自主学习，才能谈得上兴趣、爱好、特长。老师要热爱学生，点燃起学生的希望之火。

(5) 现代社会是科学技术迅猛发展、知识量急剧增加的时代，构成了学生学习人类社会知识和有限的学校学习时间的矛盾，这一矛盾已被世界各国教育家所关注，并致力解决，也成为世界教改发展的主要趋势，成为教学改革的中心课题。解决“吾生也有涯，而知也无涯”和“为事无域，人生有程”的矛盾，老师们解决的办法就是用现代化的教学手段教学，学生学会用当代最先进的信息技术收集信息、处理信息。

学习困难的学生进步、提升，急了不成，要渐进式，有个过程。

一是用“摘桃子”原理。即学生的进步目标一抬手就能抓到。开始步子慢一些，起点要低一些，然后逐步加深难点。在摸清学生相关知识实际基础能力的同时，把教育、教学的要求点放在学生努力一下就能达到的水平上。

二是实事求是原理。要从学生实际出发，根据能达到的实际目标，把学习要求按由易到难、由简到繁的原则分配成合理的层次，然后分层渐进，把产生挫折事件的频率降到最低程度。少失败，使学生层层有进展，处处有成功，不断增强学习的动机。

三是实践第一原理。针对学生的有意注意时间短、记忆容量小、概括能力差的特点(“学习困难”学生差的重要原因之一)，改变教师大段讲解倾向，师生活动交替进行。这样不仅调整了学生的注意力，更重要的是学生大量参加学习活动，自我表现的机会多了，能力的发展也通过逐步积累而得以实现，并促进学生多方面能力的发展。

四是及时性原理。在每一层次的学习教程中，既有教师的讲，也有学生的学，还有师生互动，使学生的进步变成有形的事实。老师要及时调节教学进度，提高课堂教学质量和效率，避免课后大面积补课。

班主任对学生的管理要收放自如，拿捏有度。学生是有生命的有情感的人，是自由人，你要放，还他自由。然而学生又处于长大的过程，会遇到许多问题，自己解决不了，需要老师们的帮助、指导，你要管理。老师的人格魅力、渊博的学识、热爱学生等许多因素都积极地影响着学生。

班主任工作是实践与经验积累的过程，是与学生情感交流的过程，老师要用感情去做。班主任工作重要的是：一是让学生学会规矩，即良好的习惯，人生的良好习惯，一定在小学时就养成；二是保护好孩子们的成长资源，即健康的身体、好奇心、求知欲、自尊、自信和好奇精神，孩子们才能持续发展；三是让孩子们自己做在其年龄段自己应该做的事，家长和老师们一定不要替代。

班主任是学生的人生导师。一个学生在读书时遇到一位好的班主任，就是一个好的人生开始。让我们做那位好的班主任吧！

转变困难学生

现代化是市场经济、民主政治、公民社会、个人权利充分发挥的过程；现在是网络时代，是人与人合作更紧密的时代；现在是中国老百姓比以往任何时候都更需要教育的时代；现在的人们似乎更讲究如何吃得科学、住得舒适、用得高档、行得方便、玩得刺激；现在人们仍然面临着环境污染、资源破坏、黄毒、腐败、恐怖、假冒等社会问题；而现在的中国人对中国文化的依恋，或中国文化对中国人的深深影响无处不在，无时不在。实现中华民族的伟大复兴是我们的责任。我们的中学生们就是在这样的社会背景下学习着，成长着，在认知社会，在熟悉社会。我们的中学生们就是在这样的社会背景下学习着，困惑着，有的就成为困难学生。转变困难学生就成了老师、教育工作者、家长们的重大课题。

在全球经济一体化、社会生活网络化、学习终身化的时代背景下，学生的学习模式在改变着。

学习模型的转变：（由左边向右边转变）

工业社会学习模型——知识社会学习模型

在学校系统的知识学习——无所不在的学习，广泛内容的学习

人生阶段学习——终身学习

以老师为中心学习——以学习者为中心学习

教室里师生面对面学习——教室学习、远程学习、网上学习等

选拔式精英教育——普及型大众化教育

宣讲灌输死记硬背学习——自主学习，开放学习

教师指导学习——师生互动学习，建设性学习

学习取得证书——学习主要是行动和应用

一、学习困难学生的界说

1. 何谓学习困难学生。

学习困难学生（不含智能缺陷的低能生）是教学过程中的一种生成物。学习困难学生可以从两个方面评价：一是没有达到家长和老师的期望；二是在规定的时限之内，未能完成教育、教学与训练等方面的任务。或者说，学习困难学生，就是指按“学生守则”的要求，在各个方面未达到合格标准；按“课程标准”在基础知识与基本技能的掌握运用上未能到达及格的要求，在升学和就业准备上缺乏应有的能力。以往老师们对学习困难学生的评价多在教学结果上。

在定义内涵的界说上，过去几十年一般常用“差生”诉说，苏联学者多用“学业不良”、“后进”，现代教育学家们用“困难学生”来表述，后者似乎更有利于教育。一个学生被戴上“差生”帽子，精神上所受的打击是难以估量的，这种教育行为并非成功教育，恰是失败教育。而事实上所谓“差生”，实际上不见得真正是智能低下的人。相反，他可能在另外一些方面具有卓越才能，此实例古往今来屡见不鲜。若从此意义上说，“差生”是“潜能未被开发的学生”。因老师教学的一次次失败导致学生成为“差生”，因老师

评价的不妥导致学生成为“差生”，因家庭教育不当或无教育，使孩子们成为“差生”。困难学生的存在是一种教育现象，同时也是一种社会历史现象。

2. 学习困难学生按学习程度分类。

知识基础薄弱型：基础知识学得不连贯，衔接不上，学习表现吃力。学习方法不当型：学习虽然努力，由于方法不当，学习成绩处于中差、差后状态。个性欠佳型：主要在于学习兴趣不浓，求知欲不高，或学习毅力品质没有形成。智能偏低型：是极少数，而且这部分多因教育失误造成他们智能发展暂处于后进状态，致使学习成绩不佳。

3. 学习困难学生按心理特征分类。

(1)模糊型，是认知心理范畴。表现为学习目的不明确，态度不端正，认为学习无关紧要，学也可，不学也可。这类学生对学习不感兴趣，对成绩好坏漠不关心，敷衍了事。(2)自卑型，有时偏重于意志心理状态，有时偏重于情感心理状态。他们具体表现为丧失学习信心，总认为自己不如别人，学习精神不振，闷闷不乐，消极颓废。(3)胆怯型，属情感心理的范畴。他们怕老师提问，怕同学讥笑，上课心里紧张，每逢考试压力大，对考试持厌恶情绪，更害怕公布成绩。(4)懒惰型，属于意志的范畴。其表现为贪玩，上课常打瞌睡，学习不肯思考，抄袭别人作业，意志薄弱，怕困难。(5)迟钝型，是遗传素质在学生心理上的反映。这些学生中枢神经系统发育受到了一定的障碍，表现为反应迟钝，表述混乱，理解能力差，记忆困难，知识变通能力差，或生搬硬套。

4. 学习困难学生按学习动机分类。

第一是被动型。他们无学习愿望，只是由于家长和老师要求或社会舆论的压力，不得不上学，“要我学”三字概括了这种被动应付的学习动机。第二是随波型。同龄伙伴都去上学，自己当然要去。上学本身是目的，此外并不明白上学还有什么具体意义。第三是混日型。捞文凭，混到毕业。第四是虚荣型，学习只是为了受到表扬奖励，因而不能踏实刻苦钻研，或不惜弄虚作假。

5. 学习困难学生特征。

学习困难学生的兴趣品质特征。第一，兴趣容易倾向于低级、肤浅的甚至庸俗的对象，而对于内容高尚的、含义深刻的对象却不易产生兴趣。第二，兴趣范围狭窄。在丰富多彩的自然现象与社会现象面前，缺乏强烈的好奇心，因而也就很难形成作为条件性定向探究反应的求知欲。第三，兴趣不能稳定持久。稳定而持久的兴趣是长时间、高效率地从事某一种活动所必须具备的心理品质，无论在科学研究、文艺创作或社会活动方面获得大成就的人，无一例外。“见异思迁”是这类学生的典型特征。第四是兴趣的效能性低。一般人的兴趣容易从认知的倾向发展为活动的倾向，即由兴趣发展为爱好，表现为具体行动，从而使兴趣逐渐产生不同程度的效能。而学习有困难的学生兴趣处于“静观状态”、“看电视”状态，少行动，无克服困难去实现愿望的勇气。

学习困难学生的情感品质特征。一是其对现实的态度冷漠。不知“勤奋”为何物，成绩下降则逐渐对学校和教师产生对立情绪。二是对家长采取封闭和疏远态度。三是因丧失自信心和自尊心，滋长自卑感直到自暴自弃。

学习困难学生的意志品质特征。首先他们缺乏自觉性，其次缺乏自制性，再则缺乏坚持性。

二、学习困难学生的成因

1. 学习困难学生形成的自身原因。

一是生理机能的损伤形成了学习困难的学生。二是能力发展的层面形成了学习困难的学生。这是属于非生理机能造成的学习困难，主要应通过教育功能进行干预并使其良性转化，观察力和阅读能力对于学习差生来说是最需要优先发展的。三是心理与行为的障碍形成的困难学生约占60%之多。他们有时急躁、焦虑，抑郁、回避学习等，这与我们在教学中的感觉是吻合的。四是学习方法不当形成的学习困难学生。如听课不专一，不稳定，注意不持久，观察不周密，感知笼统、模糊，小聪明等。上述原因致使学生对学习抱无所谓态度，每当学习进展到下一步时，总要靠外来刺激的推动。学生并不意识到自己的失败和困难，缺乏明确的学习目的，对于学业成绩毫不关心。这些学生毅力品质不稳定，不想磨炼才能，不想评价自己的学习效果，回避创造性活动，面对困难持消极态度，他们的行为是偏离了青少年生长规律的。

2. 学习困难学生形成的学校原因。

(1) 是升学教育的必然产物。重智育轻德育；重尖子，轻多数；重毕业班，轻基础年级；重知识传授，轻能力培养。课内满堂灌，课后搞题海战，违背大脑兴奋、抑制的规律，使学生逆反，厌学。优生受优惠，差生受歧视。许多学生不是为科学知识本身的魅力所吸引而学习，他们仅仅是为在考试竞争中取胜去苦读，视学习为苦事、畏途。他们强迫自己为父母、老师而学，压抑乃至完全磨灭自己的个性。然而一旦希望成为泡影时，他们便失去精神支柱。心理的失调促使情绪上的逆反，而精力的充沛往往导致其铤而走险，做出反教育、反道德、反法制的种种越轨行为，成为“差生”。

(2) 社会多维空间下单向运转的学校机制产生的结果。当今社会是多维开放空间，对学校教育的需要是多元的、立体的、开放的。然而学校单一的知识传授，使学生的学习生活枯燥，出现“学习——不懂——厌学——更不懂——怕学——弃学”的恶性循环。

(3) 是精力过剩的青春心态与压抑有余、理解不足的学校氛围的矛盾，加剧了部分学生的逆反心理。处于青春期的中学生，成人感出现，随其身体发育成熟，尤其是大脑皮层细胞的成熟使他们思维敏捷、精力充沛、求知欲强，有一股“初生牛犊不怕虎”的精神。当他们的自主意识得不到尊重时，引起青春逆反心理的强化，表现为你说他不听，你不要做的，他偏要试一试，他们有时对教育者持藐视态度，导致与你教育目标相反的结果。

(4) 是保姆式教育结出的苦果。保姆式教育特征是重管而不重学生的自主意识；重智力而轻非智力因素；重校内而轻校外，事事“抱着走，放不下来”，不相信学生。教师讲课满堂灌，学生机械接受，不动脑筋，不动手。学习应是让学生通过大脑紧张、积极、主动的思维，分析记忆，加工、处理，成为有机的记忆网络。那种依赖父母、老师包办等违背教育规律的做法是导致学生不能自立、被动学习的直接原因。

(5) 教师教学一次又一次的失败是使学生成为学习“差生”的重要原因。部分教师素质低，教育思想不端正，教育不能面对全体学生，爱“优生”，弃“差生”，不研究现代教育理论，不研究学生成长规律，教育面对活生生的人，而又不研究人，不钻研教材或挖掘课堂教学潜力，不向45分钟要质量，而是加班加点补课，加重学生负担，机械重复，更有甚者对“差生”冷嘲热讽，简单粗暴，滥施惩罚。

3. 学习困难学生形成的家庭社会原因。

家庭原因。一是父母管教失当，溺爱娇惯，使子女懒散、骄横；或望子成龙，望女成凤，过分赞许，使其不能正确认识自己，目空一切；或父母能力低，勉强支付子女食宿费用，无能力管教子女的学习、生活，家庭精神生活极度贫乏导致子女智力发展的局限性。二是家庭有缺陷，或父母亡故，或父母离异，或父母感情不和，或父母赌博、跳舞，诸如此类，给孩子心灵造成创伤。三是家庭条件差或是经济条件难以支撑孩子的正常学习生活费用，或家庭居住条件拥挤，采光不好，或家中车水马龙，客人来往频繁，环境嘈杂，这些给孩子学习造成困难。

当然还有社会原因。我们仍然面临着环境污染、资源破坏、黄毒、腐败、恐怖、假冒等社会问题。这些问题必然影响孩子们，影响学生。还有自费上大学，社会上招公务员、升学等方面的不正之风，部分人的高消费等等都在直接或间接地影响着学生。

三、学习困难学生的转变

爱是教育的前提，教育的本质是爱。转变困难学生，首先是爱。

1. 教育家们的论述。

古希腊的雅典，已经注重了学生的德智体和谐发展；古罗马教育强调教学内容要交替进行，注意儿童们休息和游戏，让学生以愉快的精神投入学习；欧洲文艺复兴以后，夸美纽斯认为教育不能使学生讨厌学习，而应使学生“能被一种不可抵抗的吸引力诱导着去学习”。知识的获得在于求知的意愿，在学生身上激发一切可能的求知和求学的欲望。19 世纪末，卢梭提出教育要尊重学生的个体与自由，让学生在教育中进步和快乐。教育的最大秘密，就在于使学生身心一张一弛，相互调剂，培养学生爱好学问的兴趣和教给学生研究学习的方法，这是一切良好的教育的基本原则。苏霍姆林斯基提出了培养学生学习兴趣和求知欲望的一系列方法，让学生体验到克服学习困难的“精神满足”，创造生动活泼、乐观愉快的课堂气氛，让学生参与发现兴趣的过程。这些都是把“教会学习”当作学校的首要任务，把阅读书写、思考、观察、表达、分析等方法教给学生并形成能力。赞可夫强调创造和谐、融洽、民主的课堂教育气氛，会出现“叹赏、愉快、赞许”的心理状态。洛柴诺夫暗示教学法的成功之处是引导学生“学”，其原则是遵循愉快而不紧张，有意识与无意识统一，暗示的相互作用。

2. 转变学习困难学生的综合因素。

转变学习困难学生，首先是教育工作者要遵循教育规律、青少年成长规律去办我们的教育。教育面对每个学生，促进学生的发展。要树立正确的学生观，立足于相信学生能够学会，给学生以成功的希望。不要认定“你有缺点，你必须被雕琢，你是差生，你难以学会”；而要具有“你有优点，你一定能成功，你虽然暂时稍差，但只要努力就能进步”的教育思想。要创造一个良好的学校学习氛围，要有促进学生学习的校园文化、班级文化和宿舍文化。要有促进学生学习的人际关系，要有能使学生学好的教与学的教学关系，要有帮助有困难学生提高学习成绩的师生关系。心理学家研究证明，失败者如果置身在一种积极、主动、向上的情感生活中，他们就会感到具有一股激励他们向上奋斗和前进的力量。

3. 转变学习有困难学生的具体办法。

第一,学校确立先进的教育思想、理念,营造良好的育人环境,构建适于学生健康成长的课程,建设优秀的教师队伍。转变"差生",教师非常重要。教师的爱,教师的学生观,教师对学生的诲人不倦,教师的教学方法等等都会使学生转变。学校要把学生的提升当作民族复兴的大业,而不能轻易把学生赶出校门。你今天抛弃一个"差生",明天很可能就多一个贫困户,后天也许就出现一个犯罪分子。

第二,加强学习困难学生健康心理素质培养,主要是培养学生的成功心理。教师,尤其是班主任应把培养学生成功心理作为一项教育目标来研究。有一个起始—形成—改善—再改善—再提升的渐变过程,不可急于求成。培养学生成功心理,应该结合教学来抓。如在基础学科语文、数学、外语学科的学习心理状况上予以指导,先研究学生的学习兴趣、学习习惯、学习意志,这些是影响学生学习成功的心理因素,只有改善学生的学习心理因素,才能真正把教育落到实处。

第三,改善师生关系,为困难学生设置一种转变的情绪,在师生情感生活中去陶冶困难学生的情操,在师生情感生活中去启迪学生的良知。教师努力做到不要随便提及学习"差生"的过去,不提学生的短处,不对学生冷若冰霜,不训斥学生,教育学生进步不能有急躁情绪。教师在转变"差生"时,要看学生现在的进步,要看学生的长处、闪光点,对学生要满腔热情,要笑容满面地对待学生,对学生的进步要耐心等待。如此说来,教师要克服定型心理、厌弃心理、偏激心理和惩罚心理。

第四,在家庭教育中转变困难学生。一是请专家为家长讲授子女成长的规律。二是请教育子女有方的家庭讲述自己的切身体会。三是组织家长在一起座谈教育子女的良方妙招,特别是使学习困难孩子进步的体会。四是向家长推荐有关家庭教育的好的书籍。

他人的方法也许是先进适宜的,但如何移植为我用,成为我之良法,进而成为转变学习有困难学生的专家,是每位教师,特别是班主任的重大课题,同时也是每位校长、所有教育工作者的重大课题。

每个孩子都是珍贵的存在

小时候，妈妈非常重视对我们的教育。妈妈也有非常好的教育孩子的方法。妈妈常说："每个孩子都是珍贵的存在"，"小孩子跌倒了，让他自己爬起来"，"让孩子们小时养成良好的习惯，会终身受益"。

家庭是很重要的，家庭教育是人生重要的基础。古人云："三岁看大，七岁看老。"虽然说得过了些，偏了些，但古往今来还是有些人和事在验证着。

家庭教育，特别是早期教育对孩子们良好行为习惯的养成和稳定的毅力品质的形成至关重要。家长对孩子的潜移默化的影响比学校教育的作用要大得多。有人误以为，这就要求家长自己是个有学问的人，其实不然。报载浙江省有一家出了三个重点大学的学生，而这三个孩子的家长几乎目不识丁。有人说，那是因为小孩聪明，学校好。其实重要的是，家长出自内心的对知识的尊重与渴望和对孩子学业的重视，以及家长的道德、家长的人生价值取向，这些因素基本上决定了孩子的未来。家长的这种影响是潜移默化的。家长的人品对孩子的这种影响是早期的具有指向功能的。

家庭教育、早期教育并不就是教孩子识字、做数学题，而主要是培养孩子正确的道德取向和人生价值取向，在孩子愉快的情况下适当学习一些知识和技能。那种在家溺爱孩子，然后又把希望全部寄托给学校的家长，难免不失望。教育本身是孩子们成长的过程，把家庭教育和学校教育割裂开来，甚至对立起来的实际状况，当然会导致许多困难学生的出现。面对这些困难学生，学校的教育教学是事倍功半的，甚至收效甚微。

教育，无论是家庭教育还是学校教育，重要的是要保护孩子们的成长资源，包括健康的身体、好奇心、求知欲、自主性、自尊、自信和探索精神——孩子们持续发展的资本。

在此，我给大家讲一段我小时候的故事。

小的时候我得过脚病，病很顽固，爸爸妈妈背着我走遍了附近医院医治，但效果都不好。眼看到了上学年龄，脚病仍未见好。病犯了就不能走路，一年至少有两个月之多。怎么办？我上学的事，让全家人犯了难。后来我知道，那时家里生活并不富裕，在我上边的哥哥姐姐上学都很优秀。一度不让我上学或暂时不让我上学的说法在家里占了上风，唯独妈妈不说话。

暑假过后，新学期开学，我该上学了，天不遂人愿，脚病又犯了。在大家的讨论中妈妈力排众议，还是决定送我去上学。我隐隐约约记得，妈妈当时说："每个孩子都是珍贵的存在，大的学习好，这个也要活一辈子，没有文化知识怎么行。"说着妈妈背起我就去了学校。报名，上学。这一背就是5年。迎酷暑、寒风，伴朝阳、落日，妈妈不知吃了多少辛苦。

五年级的暑假，我读到一本《年历》小册子，上边有医治我脚病的药方。我欣喜若狂，跑回家告诉妈妈。妈妈也高兴得不得了，几乎让我读了10遍药方。冷静下来，妈妈询问医生后，按药方说法精心准备，然后给我脚上涂药。一次，两次。一天，两天。一个月，两个月。不知是药灵验，还是妈妈的爱心，还是我的顽强配合，或三者兼而有之，脚病好了。奇迹是至今脚病未犯。

我终于自己蹦蹦跳跳、高高兴兴去上学了。妈妈把这事当故事，讲给邻居，讲给亲属、朋友们听，讲给那些没上学的孩子们的爸爸妈妈听，讲给那些辍学的学生家长听。妈妈说："每个孩子都是珍贵的存在，孩子上学，有了知识才能更好地做事，成人。"从此，"每个孩子都是珍贵的存在"成了妈妈的语录。劝学，也成了妈妈的"第二职业"。妈妈不知劝了多少孩子上学。

读初中时，物理课上学浮力，老师布置了有关冰山浮在水面的作业。其他作业都做完了，惟独这道物理题把我难住了。夜已深了，仍未有解题思路。急、躁于事无补。妈妈看出了我的情绪，鼓励我：男孩子做事要有智慧，要有忍劲，要执著，急不行，躁解决不了问题，被一道物理题难住，你这一生还能干成什么？妈妈给了我力量和智慧。题终于解开了。妈妈的话至今好像一直响在我耳边，我也从此养成了做事不言困难、理性思考、执著追求的习惯。

大学毕业当老师后，妈妈经常向我叨叨，多劝孩子们读书，不要让他们退学，不要歧视任何孩子；组织他们开展活动，让孩子们在活动中学会做人，学会合作，每个孩子都是珍贵的存在。

我当了初中班主任。“是个乱班，差生多。”妈妈批评我，孩子在家长眼中都是好孩子，没有差孩子，哪来的差生，关键你要把人家教育好。是啊，每个孩子都是珍贵的存在，在学校的千名学生中，他是千分之一，而对他本人、对他的家则绝对是百分之百。这是我后来的认识。到了初二，我组织学生春游，让每个学生带一样做好的家常菜。妈妈听说后，建议让学生三人一组，动手自己做。果然学生特感兴趣。跑市场，买菜，动手做。有争议，有合作。女孩子的细腻，男孩子的包容。也许孩子们就是在这样的磕磕碰碰、合作、包容之中长大。三年的班主任期间，妈妈给了我许多好的建议。三年后，这个班果然成了好班。

不知是妈妈天生有之，还是受我们这一教育家族的影响，她希望所有的孩子都读书，她要求我们先做人，她常说做人比什么都重要。记得我当了校长，妈妈说，相信你的智慧和能力能管好学校，做人是最重要的，只要你把人做好，能成为优秀校长。有一次，我同妈妈讨论教育。妈妈说：“你的学生走向社会后，与什么人都能交往，在什么地域都能生存，是你教育的成功。”是啊，我们的学生在经济全球化的背景下生存发展，并有所作为，需要有“与什么人都能交往”的能力，与祖国同胞，与美国人、日本人等交往的能力；“在什么地域都能生存”的能力，在城市、农村，在东部、西部，在中国、国外都能生存。

后来我悟出，妈妈身上有中国人的许多优秀品质，妈妈向我传承着优秀的中国文化和良好的习惯。

到今天，妈妈离开我们十几年了。“做人”、“劝学”、“每个孩子都是珍贵的存在”是妈妈留给我的宝贵财富，对我后来的价值取向、学生观、教育观的形成产生了积极的影响。如果说，我为社会做了一些有益的事情，如果说我在实施素质教育方面取得了一些成绩，应该感谢妈妈。

妈妈，我想你。

妈妈欢聚我们的亲情

家教是大家非常关注的话题，是万千家庭每天都在进行的活动，也是许多教育专家在理论上探讨，许多老师积极实践的教育行为。

我把妈妈和爸爸教育我们的故事，讲给大家听，也许对大家会有启发或借鉴作用。

故事一：家里的启蒙教育

小时候，爸爸对我要求不是很严格，对我们的学习却很看重。记得在上小学前，爸爸教我学习珠算，每天都要用算盘学打“小九九”。一一得一；一二得二，二二得四；一三得三，二三得六，三三得九；……九九八十一。每天都要这样打几遍。

爸爸还教我学习玩“九连环”，一个很神奇的用金属环做的连环玩法。爸爸只给我示范一次，让我自己学习玩法。开始学很不入门，男孩儿那种好奇劲儿驱使我反复琢磨，反复实践，才渐渐入了门，渐渐悟出些道理。玩着，玩着，熟了，并掌握了其中的奥妙，其乐无穷。

无论是“小九九”，还是“九连环”，都是在玩儿中学习的，不累，没有负担，很有乐趣。“小九九”和“九连环”的学习，好像对我后来学习数学产生了很大的影响。我从小学到高中的数学学习成绩几乎都是班级第一、年级第一，经常是全校第一。

爸爸还让我学习背诵《百家姓》、《千字文》、《二十四节气歌》等等。那时学的《名贤集》现在还能记起一些：“但行好事，莫问前程。”“与人方便，自己方便。”“善与人交，久而敬之。”“人心似铁，官法如炉。”“谏之双美，毁之两伤。”

等等。还有“黎明即起，洒扫庭除，要内外整洁”，“宜未雨而绸缪，毋临渴而掘井”，“弟子规，圣人训，首孝悌，次谨信，泛爱众，而亲仁，有余力，则学文”等等。

爸爸重视我们成长中最重要的是做人和对中国传统文化的尊重和理解。那时候，家里有一些线装书，黄黄的，散发着油墨味。爸爸让我们去读，去学习，还要记忆。

很小时，爸爸带我远行，一走就是几公里，十几公里。很累很累了，实在走不动了，爸爸仍然鼓励我走。脚出血了，还在走。

爸爸从来不多说。后来无论是学习，还是工作，每当遇到困难时，我就想爸爸的实践教育。爸爸给了我智慧，给了我毅力品质，给了我做人的道理。

故事二：妈妈欢聚我们的亲情

清明节想亲人，最想念的是爸爸妈妈。爸爸妈妈远离我们已经好多年了。爸爸先走了。那时，我还在上学。哥哥姐姐都忙各自的事情，很少相聚。十几年后，妈妈病在床。我们兄弟姐妹都回来看妈妈，一次次。大家聚在一起，研究给妈妈看病，请医生，去医院。妈妈身体好些时，我们也聊工作，聊自己的小家。妈妈看着很高兴，老人家也聊，聊我们每个人小时的故事，谁调皮啦，谁乖啊。说着，说着，老人家热泪盈眶。老人最高兴的还是我们的成长和我们近日因为来看妈妈的一次次相聚。妈妈走了，走得安详，平和。

我突然顿悟，爸爸不在了，妈妈躺在床上临行前不放心，是一次次在聚我们：聚我们的亲情，聚我们和睦。小时，兄弟姐妹每天在一起，手拉手长大，是手足情啊！

大些，大家走出家门去上学。再大些，大家开始工作。长大后，大家都组成了自己的小家。此间，聚少离多，也或产生不愉快。

爸爸、妈妈，小时把我们一个个带来，聚来。临别，妈妈卧床聚我们到一起，聚亲情，聚手足之情，然后她才放心地去赴爸爸的约会了。

后来，在兄长的影响和组织下，我们又经常相聚，大家一直相处得很好。爸爸妈妈放心吧！妈妈真的很伟大。

故事三：人生在茶中飘香

在长大的过程中，不知何时我突然发现，妈妈爱喝茶，并且都喝上品茶。所以哥哥姐姐们每次去看望老人家，无论带什么给妈妈，都把上等好茶放在第一位。后来我也效仿，并陪妈妈喝茶、饮茶、品茶。久而久之，我也爱喝茶了，并品到了茶的淡淡的香，淡淡的清，淡淡的久远。我常常手捧一杯茶"夜后邀陪明月，晨前命对朝霞"，有"洗尽古今人不倦"之感。

记忆中晚年的妈妈特干净，衣服啊，头发啊，包括所用如茶具、桌椅，还有生活环境。而让我们特幸福的是，晚年的老人家不唠叨，唠叨得让你很烦很烦的场景，好像一次都没有。每有大事问及老人家，妈妈或不说，或说男子汉问自己，或让你饮茶，在观察茶中找答案。

是啊，当我们手捧一杯茶，去慢慢欣赏茶叶色泽的红与绿、明与暗、老与嫩，观察茶叶的品质与风格；欣赏茶叶在冲沏时的舒展过程、茶汁慢慢地溶解状况，以及最终的美姿；你再闻一闻茶叶随热气散发的清香，让你心醉；这时你欣赏茶汤色泽，轻轻细细慢慢品茶汤滋味。茶汤柔滑细腻，从中获得无限美感，无限舒适，无限宽阔，引发无限联想。

"旧谱最称蒙顶味，露芽云液胜醍醐"，"入山无处无飞翠，碧螺春香百里醉"，"琴里知闻是渌水，茶中故旧是蒙山"，"一杯春露暂留客，两腋清风几欲仙"，"平生于物原无取，消受山中茶一杯"。

善于体味，人生还有什么疑难？妈妈你好伟大。妈妈没有说教，没有唠叨，让我这个做教育的校长汗颜。妈妈淡淡走完 88 岁人生，没有留下金钱，没有遗嘱，伴着茶香轻轻飘去。舅舅和外公是医生，小时我们家里有许多线装书，也算是书香之家。怎晓得妈妈对茶情有独钟，让我们在茶香中慢慢长大。

每每思念妈妈，我就去翠竹苍松环抱的青山，或去白云碧水萦绕的幽谷，或去小桥流水的农家舍院，或去名人书画墙上挂的陋室，或去琴声梵音绕壁梁的庙宇……香茗清醇香飘万里，茶味似舞缭绕升腾，冥冥之中我看到了慈祥的老人家，妈妈还是那么干净，仍在品茶。

妈妈告诉我们，人与人的亲情，千金难买。妈妈在告诉我们，人生不能浮躁，要淡定，要从容。妈妈还告诉我们，教育孩子们，大人的示范多么重要，身教胜于言教。

妈妈的教育在启迪我，启迪我这个当老师的，启迪我这位校长。

教育孩子们，润物细无声

——故事十则

你若把学生看作天使，你就会生活在天堂里；你若把学生看作魔鬼，你就一定生活在地狱里。教育是与天使的相伴，在天堂的享受。教育的方法是润物细无声的。老师只要做到润物细无声，天使便随时陪伴着你。天使就是你的学生。

好雨“随风潜入夜，润物细无声”。多么好的感觉。春雨随着微风轻轻地落下，春苗迎着春雨幸福茁壮地生长着，是诗意般的感觉，是浪漫的感觉，更重要的是健康成长的感觉。教育似春风，似春雨，滋润孩子们，会有多少孩子，像春天的禾苗，茁壮成长，健康成长，幸福成长。

故事一：良好的习惯

曾记得，一所规模不是很大、非常普通的学校，校长非常注重老师的示范作用，学校老师们在升国旗仪式中的一个细小而重要的行为，给我留下了深刻的印象。

那是一个周五的下午，我们一行人来到这所学校参观交流。学校操场上有学生进行体育活动，有老师指导，还隐约听见操场一角有老师和学生的琅琅读书声。这时从操场中央国旗台方向传来国歌声，顺着国歌声望去，一面鲜艳的五星红旗冉冉升起，原来是老师在指导几个学生练习升国旗。国歌还在持续地唱着，我突然发现整个校园都静了。再望去，几乎所有在操场上活动的老师和学生都停下了自己的活动，面向国旗肃立。那个场面，让我深深地震撼。国歌响了3次，全场的大动作进行了3次，我们一行人从学校大门到教学楼的这段路途中，也走走停停了3次。

接下来我们在校园转一转，与老师们交流，我发现老师们非常注意对学生的示范作用，这是他们优良的校风。学校的老师带我们参观学校时，见到学生都亲切问好，或鼓励几句；发现地上有纸片便捡起。老师一直微笑面对学生，让你有亲切感。“您好”、“谢谢”、“对不起”、“再见”等我们很多人小时候学过的文明用语，长大后却忘记用了。在这所学校，这些文明用语随处能听到，而且还有“你需要我的帮助吗”、“不好意思，打搅您了”等等，让你听着舒服、愉快。

继而我发现，他们的学生有很好的行为习惯：右侧通行，走路轻，随手带门，不嚷嚷又开朗活泼。“学高为师，身正为范”，在这所很普通的学校有体现。学生良好的习惯会使其受用终生，学校一定要给予。

故事二：读书广场

我们学校在很大的二楼大厅开辟了读书广场。广场嘛，当然是敞开的。广场上有许多书架，上面摆放了许许多多的书，古今中外、天文地理的书都有。我经常去广场小憩，在书架上拿一本书阅读，读完放回原处就行了，方便得很。广场引来了很多学生读书，课间、中午、晚上、休息日、寒暑假。一次，我同学生们聊起“不借就读”这个话题，他们说非常喜欢读书广场。喜欢原因一是读书方便，不用找老师填卡借阅，随手拿书便读；二是在阅读广场小转出入方便，常常去感觉那种书香气和书卷气；三是，有学校相信我们学生的自豪感；四是，每天还可以去义务整理书架上的书，感觉特好。

是啊，我们应该相信学生，培养学生爱读书，养成读书的好习惯。学校真正成为读书校园，使师生与书零距离，学校就要提供方便读书的环境。读书广场就是好例子。如果一所学校到处都能方便阅读，教室里、阅览室、大厅、餐厅、走廊等，师生读书特便捷，那该多好啊！其实，读书广场上的书，并不会丢失。

故事三：让签证官感动

大家都晓得，美国签证很难通过。我因在做教育国际化的事情，曾多次培训赴美的师生签证，并有很高的通过率，是诚实，是严谨，是认真，是自信使然。其实美国签证有明确要求，你只要按要求去认真做，诚实体现你的信息就可以了。我为师生进行签证培训、签证模拟示范，好让师生们自信地、落落大方地、诚实地回答签证官提出的问题。模拟在整个签证大厅的文明行为，着装得体，举手投足体现知识分子的高雅；模拟与签证官交流落落大方，用语文明，如实回答签证官提出的问题。更重要的是，按签证要求准备资料整洁齐备，无虚假。无声的示范鼓励学生，感召学生，让学生自信，文明素质得以提升。学生反复模拟，在模拟中自信，在模拟中文明素质得以提升，在模拟中学会礼仪。果然，我们的师生在签证时一次次行为文明，交流礼貌，着装得体，材料齐备，诚实回答问题，也感动了签证官而顺利通过。

谁都喜欢文明人。文明人不是说教出来的，很大程度上是影响出来的，尤其是家长对孩子们的影响，老师对学生的影响，在潜移默化之中，在“润物细无声”中的影响有巨大的力量。

故事四：为他人着想

鞋子方向的故事。我带学生去日本访问，到我们合作学校参观、交流。日本的习惯是进到室内都要脱掉鞋子。我们到访问学校进大厅时，脱掉自己的鞋子,穿上他们的拖鞋。拖鞋很整齐地摆放在进门处,且方向向里,便于我们穿。让你惊讶的是,我们结束在这所学校的一切活动,出大厅时,我们的鞋子整齐地摆放着,并且鞋子的方向是向外的,便于我们穿。

电梯右侧留给别人。日本是左侧通行,在自动扶梯上,人们无论是人多还是人少都自觉站在左侧,右侧留给急需通过的人。

道歉的故事。在日本一次欢迎我们的晚会上,一位77岁的日本老人向我们道歉,原因是没有穿红色的衬衣。参加晚宴时老人穿的是一件白色衬衣,请我不要介意。为了参加这次晚宴,老人特意买了一本国际礼仪方面的书,学习中国礼仪。他认为中国人喜欢红色,理应穿红色衬衣。

爱家乡。日本人上到知事,下到普通百姓,时刻不忘宣传自己的祖国、自己的家乡。日本青森盛产苹果和稻米,他们不停地向我们讲家乡的苹果、大米何等的好,是日本第一,世界第一。那种热爱家乡的山山水水、一草一木的情结是由衷的。

想着他人。日本商场门口、汽车上、大楼门口……到处都有备用雨伞,因为日本是海洋性气候,雨天多。汽车上有"万宝箱",里面有针线、胶水、剪子、胶条、纸笔等,供乘客急用时方便。

日航飞机上的小纸条。"您好,我们正在进行送餐服务,因为不方便打扰您,您一会儿有什么需求,请按座椅左侧的灯,我们会随时为您服务。"这是我坐在日本飞机上,醒来时发现小桌板上方贴上的小纸条。

机场标识。日本机场内有这样的标识,标识上有从各个出发口到登机口的路线及需要时间,以便你可以做到心中有数,对时间有个正确的估算。

音乐提示。在日本青森的街上行走,我无意中发现十字路口绿灯亮时,会有不同的音乐提示音,方便过路行人。

这就是日本人的"为他人着想",可谓"润物细无声"了。

故事五:礼仪

微笑的故事。一个学生非常气愤,他认为刚才与老师的交流,使他不愉快。“老师，我要同你谈谈。”学生说。老师以微笑面对学生，开始了微笑聊天。师生聊得很好，学生的火气渐渐消失了。这是发生在我工作的学校里的事。我们学校是一所国际化的学校，非常注重礼仪和礼仪教育。礼仪从我开始，从我们开始；文明人从礼仪开始，文明学校从礼仪开始。

微笑。走进校园，你会发现老师们面对学生时都是微笑的。微笑是世界共同的语言。灿烂的微笑，会给他人温馨和力量；灿烂的微笑，是对祖国的热爱，对教育的热爱，对生活的热爱，对学生的热爱，对自己的热爱。师生之间，相互微笑，多么和谐。

问好。“老师您好”，“同学好”，毕业生回到母校，见到老师时仍然保持着在学校时问好的习惯。校园里已经形成了良好的相互问好习惯。早上在学校大门处，你会听到老师对学生问“早上好”，亲切、友好、热情、大方、关爱，给学生一天好感觉。学生回以“老师好”，文明、礼貌、懂事等评价在您心中形成。校园文明礼貌便从早上开始了，从师生见面开始了。不要高音，声音轻轻地问好就是文明。我们的学校人与人之间，无论什么时间见面都问好，已经养成了校园习惯，每个人的习惯。学生毕业了，还保持着良好的问好习惯。

形象。外出办事，谈谈合作交流的人很多，他们都认为我注意形象。一个域外学校，多次与我交往，他们很钦佩我的注意形象，因而决定与我们合作。用仪表、体态、言谈、举止和着装体现形象，形象是人们内在素质、修养程度和精神面貌的外在呈现。形象会互相传递、影响。你好，我也好。好的形象是学校的荣誉、人民教师的荣誉、民族的荣誉，形象是民族素质的体现。老师的形象影响学生，学生互相影响，学校每个人都注意自己的形象，文明学校便形成。

倾听。打断他人说话，是不文明的，是对他人的不尊重。在我们学校，师生之间、学生之间交流时，都是认真倾听他人发言、他人说话的。倾听换来的是他人对你的尊敬。实际上人与人交流时，一定要学会倾听，学会在倾听中收集信息，这是当代中学生要有的良好品质。老师们示范做，学生会学着做。很快就形成校园的良好风尚。

不问隐私。与他人交流，不问及个人的私生活，不过分关心，不谈他人短长和不愉快之事，不谈论自己不熟悉的话题，不问对方不好回答的问题。

着装。服装整洁，搭配得体，衣袋里不放过多东西，衣扣、裤扣、皮带系好。头发、胡须、指甲修整，保持清爽整洁。优美的站姿，挺拔立腰向上；端庄的坐姿，腿不摇抖，不跷二郎腿。服饰是无声的语言，显示您的个性、身份、涵养及心理状态。服饰原则是与学校要求和谐，与主人要求和谐，与自身条件和谐；颜色和谐，时节和谐，环境和谐。

在正式场所，男老师着西装时以深色西装、白衬衣、稍艳些领带为宜。正式场合白衬衣，不要白袜；慎穿毛衫；西装烫平整，衣袋少装东西；黑皮鞋。女老师着连衣裙或中式上衣配长裙，夏天可以长袖或短袖衫配长裙或过膝裙。隆重场合不能穿长裤，一定要穿裙子。公务场合穿职业装，不能穿短袜或裸露小腿。忌着黑色发亮皮短裙。披肩、手提包、皮鞋的颜色要同衣服和裙子颜色协调。手提包不可放在办公桌、餐桌上。宜淡妆，香水不能太浓，不在他人面前对镜化妆。

故事六：我的祖国好

赞美家乡的故事。开学了，让新老师介绍家乡，有老师说了许多家乡的不是，我听了心里很堵。故而开展了“我的家乡好”的主题活动。我校老师来自全国许多省份：有的来自东北白山黑水之间肥沃的黑土地，有的来自内蒙古辽阔的大草原，有的来自三晋大地，有的来自齐鲁大地，有的来自江汉平原，有的来自巴山蜀水，有的来自中原河南，有的来自江浙水乡，有的来自首都北京。让老师们互相介绍家乡的文化、物产，向外国师生介绍家乡的文化、物产，介绍伟大祖国的文化、丰富的物产。一时间，在校园里文化、家乡、祖国字样此起彼伏。

苏州园林，龙门石窟、少林寺，大理古城、丽江古城、茶马古道，乐山大佛、成都武侯祠、杜甫草堂，北京长城、故宫、天坛、颐和园，山东曲阜、泰山，山西五台山、云冈石窟，陕西兵马俑、大雁塔，甘肃敦煌，河北赵州桥，等等，都是老师们的谈资，是我们伟大民族五千年优秀灿烂的文化。儒家精神里对他人包容和关怀的“仁者爱人”,“修身、齐家、治国、平天下”精神;道家的“反者,道之动”和无为而治思想;还有把人看作全息的、和谐系统的“辨证施治”思维方式等核心思想文化,让老师们对古人肃然起敬。从河姆渡到黄帝陵,从莫高窟、盛唐遗韵到八达岭巍巍长城,祖先披荆斩棘,历尽艰辛,开辟神州亘古荒原。他们创立了生生不息的华夏文明,开辟了中国文化。

北京国家大剧院、鸟巢、水立方等现代建筑,南水北调,西气东送,三峡工程,青藏铁路,“神六”等都是祖国的骄傲,自己作为中国人的骄傲。世代中国人的思想、行为成为中国文化,中国文化是中华民族几千年文明的积累、延续、创新。中国文化影响着世代中国人,影响着世界。中国文化中最有价值的部分,应该是兼容并蓄、消化融和、创新精神,方显其泱泱大国气度,也才有今日的和谐社会、科学发展。

科学是无国界的,科学家却是有祖国的。民族自豪感,极大地影响着老师们,积极地影响着学生们,鼓励学生努力学习,报效祖国。

故事七:学会赞美

我的学校有位班主任很会赞美学生,善于发现学生身上的优点。一天有个学生犯了错误,老师没有先说他的缺点,而是先找他的优点。“请说你有哪些优点。”老师说。犯了错误的学生感到很奇怪:“我的优点?”“对呀。”“我爱打篮球。”“打篮球要规则吗?”“要的,很重要。”学生有顿悟的感觉:“老师,我错了。”“你很优秀,要把注意力转移到学习上,自己的健康发展上。”“良药苦口利于病,忠言逆耳利于行。”我小时常常听老人们讲这样的古训教育我们。当然老人们是良苦用心,良好愿望。其实,现在的良药已经不苦口了,都用糖衣包裹上了。忠言也非一定要逆耳说出,可以考虑表达方式,以取得最佳效果。这就是要学会说话。现代社会是网络社会、合作社会,会说话、善表达显得非常重要。同样的事,不同的表达方式,就有不同的效果,可见说话多么重要。与他人交流,首先要听清楚对方的意图,要学会倾听。然后再表达自己的主张。对青少年学生,应学会赞美,其实大人都喜欢得到表扬，何况孩子们。

故事八：孩子爱劳动

小区里，浓浓的年味儿伴着和睦的邻里。外边鞭炮噼啪噼啪响着，门上大"福"字周围写着人们期望和祝福的对联，在大红灯笼照耀下，显得那么张扬。

同楼层六家，每年大年初六聚餐。从新楼建成，大家搬进来，不知是谁的建议，就有了这个规矩。今年初六仍是如此，但地方不同了，今年不去大酒店，改在家里聚餐。楼层里，热闹极了。楼层六家门开着，你来我往，像一个其乐融融的大家庭。孩子们更是活跃，放鞭炮，互相嬉戏，你追我赶，你来我往，热闹极了。

年轻的邻居间，今年饭怎么个做法，怎么个吃法？围绕这个话题，大家你一言、我一语讨论起来。"我们平日总说，孩子们不爱劳动，我建议，今天的楼层团圆饭，就让孩子们做。"一位邻居说。年轻的家长们，又赞同，又担忧，怕孩子们不会做，怕做不好，怕伤着孩子们，等等。最后还是形成了决议，让孩子们做。

六个孩子，高兴极了。他们其中有两个是高中一年级学生，两个是初中生，两个是小学高年级学生；两个男生，四个女生。

策划，写菜谱，荤素搭配，凉热兼顾。你一言，我一语，考虑得很周全。一个说，我们好像集团军，在做战役前的准备。又一个说，我们这是备战奥运会。我们今天就露一手，给家长们一个惊喜，不，一个回报。

一位年轻一些的家长看了后，感到很是奇怪。孩子们平时不爱劳动，他们并不做饭，怎么会呢？"相信他们，大胆让他们去办。"另一位家长说。

几位妈妈指点，去哪里买菜，买鱼、买肉等。一名初中生不耐烦了，说烦不烦啊，我们知道。

六个学生，菜市场、超市转了一大圈。男生当劳动力，女生挑选。菜、肉、鱼、虾等等，全了。对孩子们不放心，两位家长在后边悄悄跟着。

回来后，孩子们洗菜，切菜，炒菜。

酒菜满满一桌子，家长们你品，我尝。“好啊，好！”赞不绝口。

菜做得极一般，家长们却非常高兴，因为这是孩子们做的。有的家长还是第一次吃孩子做的饭菜，心里高兴。

家长们一边喝酒，一边聊天探讨。孩子们不能劳动，不爱劳动，不会劳动，这原来不都是我们家长惯的吗？一家就一个孩子，心疼，舍不得。孩子学习紧张，怕影响学习，就不让他们劳动了。家里活不多，妈妈们干就是了，不用他们伸手。

看来孩子们不劳动，或不爱劳动，是家长们包办代替的结果。应该让孩子们自己劳动，学会劳动，爱劳动。劳动有了人类。人类在劳动中生存，在劳动中发展。孩子们不会劳动，是自己的悲哀，家长的悲哀，人类的悲哀。要让他们学会劳动，珍惜他人的劳动成果。让孩子们自己管理好自己的物件，衣物、床铺、学习用具等，这也是良好习惯养成的过程。

家长不要包办代替，让孩子们学会自己理财。理财本领在发展的社会、市场经济、全球经济背景下，不会行吗？家里需要理财，工作部门需要理财，公司需要理财，国家需要理财。我们国家需要太多的理财能手、专家。妈妈们切不可替代孩子理财，否则未来就没有了理财能手和专家。

让孩子们自己学习。会学习是伴随着学习而形成的一种良好习惯，一种能力，一种品格。在此过程中，孩子们学会做人。

年过着，家长们议论着，思考着。时而平和，时而激烈。有时高亢，有时低缓。酒香沐浴着人们的欢笑，人们的欢笑伴随酒香洋溢着整座大楼。分享着孩子们今天的劳动成果，楼层的大人们高兴极了。

故事九：自己爬起来

绿树、红瓦、碧海、蓝天是青岛的美景。蔚蓝色的大海向远处延伸，在视线尽头伸向天际，水天一色。淡淡的白云，从远方飘来，悠悠逸逸，天云相映。船帆像珍珠一样，撒向大海，白帆点点。山与海连接处，呈现着绿树、红瓦、碧海、蓝天的美景，呈现出现代化的都市风貌。

滨海大道伴着海湾在悠闲地延伸，一个个湾处留下了广场、公园和浴场。海滨浴场，人们时而在平静的海水里畅游，悠然自得；时而与波涛搏击，有“中流击水，浪遏飞舟”之感。海滩上，海鸥和人群相伴，浪花和金沙相拥。广场上的风筝在情人们手中互相传递，在天空中飞翔，那么悠然自得。

休息日，邻居家的小朋友同妈妈在广场上玩耍，还有小保姆跟随。小孩子忽而跑，忽而跳，忽而喊，忽而笑，玩得高兴极了。突然小孩子一不小心，跌倒了。小保姆急了，急忙跑过去抱起小朋友，一边用脚踢脚下的砖，嘴里边说：“打你，打你，看你还绊宝宝不。”

这样的场景让孩子的妈妈既惊讶，又无奈。妈妈是白领，受过高等教育，收入进入了本市中产阶层。她非常敬业，工作很忙，又很要强，工作很出色。平时照顾不了孩子，家里雇了小保姆。保姆是来自农村的初中毕业女孩。

小孩子三四岁，可爱得很，有时又调皮得很。三四岁的孩子有时是抱不是，放不是，教不是，打不是；有时好好玩着，就跌倒了，就脏了衣服，甚至有时还伤着点。年轻的白领妈妈眼泪汪汪，既心疼孩子，又对保姆的教养方式感到生气、无奈。

妈妈摸着孩子的头，同小保姆说，单位有位年长同事，有两个男孩儿，从小她就向孩子进行男子汉的教育：让他们勇敢，从小就勇敢，不怕困难，敢于克服困难。有责任感，对他人有责任感，对父母有责任感，对事业有责任感，对社会有责任感。善于追求，追求大目标。小孩子跌倒了，让他自己爬起来。上楼梯让他自己上，到菜市买菜，帮妈妈拎。

我们这代人，是在真实的生活中长大的。让孩子们在真实的生活中慢慢长大。学前，读小学，读中学，读大学等。让他们勇敢，有爱心，有同情心，有恒心，有责任心。让他们身体健壮，像个男子汉。孩子们去读大学，好多家长去送，我读大学时家人没有去送。

其实孩子们长大后干什么并不重要，关键是怎么认识孩子们的长大过程，怎么引导孩子们的成长。你想，一位真正的男子汉，干什么干不好？

有一位教育专家做教育报告时，讲了“一个苹果”的故事。教育专家说，他做了一个实验，家里只放一个苹果，爸爸、妈妈、孩子三口人都在，苹果该谁吃？几乎百分之百的家庭都让孩子吃。而教育专家认为，如果孩子拿起苹果给妈妈吃，妈妈则应大大方方吃掉。这是真正在培养孩子，这个孩子会有孝心，会有责任心。这个家庭不溺爱孩子，这个家庭是健康的家庭。母爱在细节中，成长在细节中，成功在细节中。孟母三迁的故事，大家都知道，从中学习什么？

年轻的妈妈望着孩子，望着波涛的大海，望着远处。

起风了，大海在澎湃着，不知疲倦的澎湃。大海澎湃着岁月，澎湃着无数像今天的故事，澎湃着人类历史。广场上的游人渐渐散去，小草顽强地摇曳着，坚强地、勇敢地承担着对广场绿地的责任。

年轻的妈妈思考着，联想着，企盼着：30年后，孩子是我的年龄，他能上大学吗？能是男子汉吗？能像小草那样坚强地护着绿地，能像大海那样勇敢地澎湃，不知疲倦地澎湃吗？

风中，三四岁的小男孩儿在前边踉踉跄跄地跑着，小保姆紧跟，妈妈在后边看着，走着，鼓励着。是啊，我们都是在妈妈的鼓励中长大的。

我们这一代人的妈妈们绝大多数没有多少文化，而她们却会鼓励孩子们。现在年轻的妈妈们，接受了较好的教育。两代妈妈们都在鼓励孩子们，鼓励的内容却又不同。人们常说，一个伟大的事业后边，有一位伟大的女性，她是妈妈。

故事十：其实，孩子是爱学习的

远离马路喧闹的会馆，坐落在校园里。花园似的校园散发着浓浓的书香气，校园绿地里如茵的小草在向来宾招手致意。小草茁壮，无人践踏，并与乔木、灌木、花和睦相处。自然多于雕琢。孩子们已经放学，校园显得安静。

会议大厅宽敞明亮，俭朴大方，显得有文化氛围，让人感受到学术的神圣感和文化的魅力。会场无手提电脑，无大屏幕，甚至没有一点点文字资料，朴素无华。灯光特清爽，又显温柔。会议圆桌位置无序，大家完全是随意落座。一切因自然，显得那么亲切；因亲切又多了自然。

会议有个惊人的主题——“零岁孩子爱学习”。参加会议的有准妈妈们，有零岁孩子的妈妈，还有年长一些的妈妈们。妈妈们与主讲的孩子教育专家探讨小孩子在成长过程中，是否爱学习的问题。有的妈妈说，孩子不爱学习，特调皮。有的妈妈说，孩子学习不专一，读几页书就不爱读了，写几个字就不愿意写了。准妈妈们听了很是着急，小宝宝很快就要到来，我们究竟如何是好。

教育专家问一位零岁孩子的妈妈，您的孩子一天都在干什么。零岁孩子的妈妈想了想，很有条理地说，好像至少有三件事：吃，睡觉，张望。紧接着，另一位年轻的妈妈说，孩子睡醒、吃饱后，小眼睛到处张望，到处看，而且，眼睛越看越有神，有时眼睛盯着一个物件好长时间不离开。还有一位妈妈说，我家的小宝宝刚刚要满一岁，眼睛很有神，对他的玩具、墙上的画、电视等物件都能辨认，有时他哭着要一个玩具，你给他其他物件，他不要。

教育专家说，小孩子张望是一种学习。孩子天生爱学习，零岁孩子就爱学习。人类从零岁开始就爱学习。零岁小孩子，首先是吃和睡觉，这是人类生存的本能。人首先要生存。看，张望，就是学习。他要认识这个世界，了解这个世界。张望，发现，惊讶，认识。再惊讶，再认识。小孩子看物件，有时笑，有时哭，就是在发现、惊讶、认识的过程。不断发现，不断惊讶，不断认识。当然，小孩子的认识，是肤浅的、表面的，认识的深化，还要有个过程。

人类是爱学习的，所以人类一代代不断地认识自然，认识自己，掌握生存技能。孩子们天生是爱学习的，零岁开始就爱学习，而且自觉地在学习。他们每天都在看，在张望，在认识，在学习。他们起初通过物件的形状、颜色、声音等外形去辨认，进而再认识。教育专家进一步说，我们大人们、各位妈妈们、老师们一定要知道，小孩子天生是爱学习的，从小是爱学习的，不是不爱学习的。

妈妈们很感慨。一位妈妈说，我家孩子现在四年级，不爱学习，急死我了。记得他小的时候，经常乱拿东西，我不放心，抢下来，有时打他手，不让他拿。现在看来，当时我的做法可能对他的好奇心是个打击，进而打击了他学习的积极性。专家说，你是对他学习天性的打击。一次次打击，他就不好奇了，不爱学习了，或认为大人的限制是对的，自己好奇是错的。一位小学教师说，她的小孩子比较爱学习。零岁时，她让孩子听一些轻音乐，开始随意让他看物件，后来引导他看一些物件，再后来，让他通过颜色、形状、声音辨别一些物件——积木啊，小汽车啊，铃声啊，音乐啊等。再后来到外边，逐步认得草、树、水、山、石、汽车、楼等。这些做法又不是太刻意的。做着，做着，孩子好像突然有了好习惯，认识突然有了质的飞跃。他逐渐对物件的内涵有了兴趣。如他经常把玩具小汽车拆卸开，然后组装，有时装不成，着急得很。但家长切不能急，这是一个过程，顺其自然，又有引导。现在孩子很爱学习。她说，我家书很多，他有空儿，就翻书架上的书，有时翻得很乱。翻着，翻着，就读了起来。翻乱时，我没有责怪他。读书时，没有对他提出过高要求。自然一些，一定自然一些。小孩子慢慢地在认识上就有了飞跃。小学老师说得眉飞色舞。大家频频点头。

实际上人们常说的不爱学习的“差生”，从零岁就开始了，而且很大程度上是我们大人的责任。孩子学习的天性，你不保护，更没有引导，一次次限制，甚至一次次打击。他的好奇没了，惊讶没了，发现的兴趣少了，认知何在？了解何在？结果“差生”出现了。

妈妈们打击了小宝宝学习的天性、积极性，反过来说人家不爱学习，这不公平。今天来的妈妈们和准妈妈们以及所有的妈妈和准妈妈们，她们都希望有可爱的小宝宝，希望他们将来爱学习。然而，妈妈们的做法和要求有时适得其反。

我们留给子孙后代什么样的物质世界，很大程度上取决于留下什么样的子孙后代，取决于我们的妈妈们。珍惜小宝宝们天真的眼睛、天真的求知欲，或说是天真的探索精神。妈妈们，珍惜呀，教育专家说。温馨的大厅，响起热烈的掌声。

十则故事，都是发生在我们身边或是我们亲身经历的。故事平凡，也并不多么感人，而我们的孩子们的成长多么需要这些行为习惯，这些精神，这些礼仪，这些严谨，这些为他人着想，这些赞美，这些热爱我们的祖国啊。这些良好品质恰恰是他们终身受益的。

长大不容易

中央电视台《实话实说》栏目做了一期《长大不容易》节目。节目嘉宾是重庆工商大学 5 名在读大学生，其中 4 人是新入学的，有的是家境比较贫困的农村学生。他们在读中学时普遍与爸爸妈妈关系不好，甚至矛盾很突出，到大学读书仅一两个月每个人都消费了很多钱。他们的大学老师让大学生们给家里写信，与爸爸妈妈沟通。经过几次书信交流孩子们与爸爸妈妈相互有了理解，特别是孩子们理解了善良的爸爸妈妈们对孩子们良好的愿望，甚至理解了爸爸妈妈有时欠妥的教育方法，特别理解了他们赚钱不容易，自己应该节俭。理解了父母后的大学生们很是后悔，有的痛哭流涕。

看了这则信息，我的心情久久不能平静。这里提出了一个家长怎样爱孩子、如何教育孩子的问题。家长们养育了孩子，辛辛苦苦地拉扯他们长大，真是不容易。为啥孩子们不听话，甚至抵触？我想家长们要反思自己的教育思想和教育方法，我们教育工作者也应思考这一现象。

教育孩子，首先要了解他们的身心成长过程。青少年学生正经历着人生重要的“青春期”，他们时常迷茫、烦躁，有时极度兴奋、难以自控，有时消沉不语，有时东跑西撞。有的学生往往用消极观点看自己，看事物，看人性，看世界。有的学生自我中心意识太强，难以同别人合作；有的同异性走得太近，不能自拔；更有甚者，与家长对立，甚至因思想极端而出走。他们时常有白日梦、分神、幻想等现象发生，老师上课有时发现学生走神，就是这种现象。青少年处在“暴风骤雨”年龄段，他们常常出现两极交替现象，有时是孩子，有时争做大人。他们的生物性与社会性时常发生冲突。现在的青少年性成熟早。青少年正值心理断乳期，这个时期是人生中事端发生高峰期（12—18岁，这个年龄正是中学生年龄）。人们往往只注意到现代社会的孩子们很幸福，物质生活丰富，大人们的关爱，社会现代化带来的便利。而人们却忽视了现代社会给孩子们以极大的不公，如暴力、恐怖、毒品、黄色书刊、环境污染、单亲、独生子女、学习压力过大等时时影响、侵害着他们。大人们把孩子当作私有财产，想说就说，想骂就骂，更有甚者大打出手。这些举动必然伤害孩子们。心理承受能力弱，学习压力大，成长的烦恼，必然使青少年学生产生心理问题。

孩子们不被家长理解的行为，还与家长对他们在生活上过度呵护有关。过度呵护下的孩子们如温室里的花朵，经不起风雨，遇不得挫折。已经是中学生了，有的孩子上学仍需要家长接送，有的家长不加控制地给孩子们钱，有的孩子回到家什么家务活都不做或不会做。这些现象都与他们的年龄应承担的责任和义务不相符。

孩子们长大不容易，家长们陪伴着孩子们长大更不容易。作为教育工作者，我在思考，我们能帮助家长们做点什么？作为老师，我们能帮助孩子们做点什么？

我想，家长和老师们都应高度重视，采取积极态度，用科学的教育方法帮助孩子们"长大"。我建议家长们试着放手让他们自己走路，做事，管理自己。家长们多与孩子沟通交流，与孩子交朋友，少一些唠叨、责备，多一些理解。让孩子们当自己的主人，成为独立的人。让孩子们成为家里成员之一，对家里的人和事逐步尽义务和承担责任。家长们应与学校老师配合，共同教育孩子们效果会更好。

老师们多给家长一些建议，理论的、通俗易懂的、案例的。学生一天有许多时间在学校，老师们良好的教育学生方法必然影响到家长。老师们一次次的感动学生的教育行为，必然感动家长。老师们的举手投足、一言一行的风格气质，必然影响到学生，也会影响到家长。

但愿所有的孩子们都身心健康地成长。

中学生心理辅导

社会现代化进程快，中学生生理发育趋前，心理发展滞后，学习负担过重，再加上社会上一些不健康因素的影响，使他们产生不同程度的心理障碍。而中国人的特点是比较含蓄，孩子们不好意思启齿问青春期的有关问题，大人也不好正面对孩子们谈青春期知识。我们应正视问题，关爱学生，创造健康环境，实施健康教育，开展积极向上的教育活动，帮助学生顺利度过青春期，使其身心健康成长。

一、认识中学生

21世纪教育的一个很重要的趋势是教育行为的心理学化。21世纪初的中学生生长在社会现代化进程之中，产生心理障碍势在必然。21世纪的学校德育面对学生心理问题，预防，引导，教育，辅导，是我们教育工作者的新课题。

我们的学校植根于社会现代化进程之中。现代化是市场经济、民主政治、公民社会、个人权利充分发挥的过程。现代社会处于科学技术突飞猛进、知识经济已见端倪、综合国力竞争日趋激烈的时代。社会现代化的步伐特别快，而人的心理发展往往跟不上。现代社会的许多现象必然对中学生产生影响。

中学生伴随着学习，普遍遇到了“长大不容易”、“成长中的烦恼”等问题。问题来自于心理，来自于“青春期”。社会现代化使中学生生理发育趋前，而心理发展相对滞后。孩子们眼界开阔，而心理闭锁，眼睛看到的事太多，而自己心灵深处的事又不想告诉他人。

学生的心理问题由学习引起的较多，现在学生学习负担过重。有的学生中考结束就撕书，高考结束就烧书，显然是一种学习压力过大、家长期望值太高下所产生的厌恶学习的现象。

生理方面，有的学生体重减轻，睡眠失常，易疲劳，一般女生较多。有的学生胆小怕事，有时主观好胜，有时太敏感，唯恐别人对他说三道四。生活方面有的学生依赖性太强，不能自理。有的孩子自我中心意识太强，难以同别人合作。有的学生同异性走得太近，不能自拔。更有甚者，与家长对立，甚至走极端而出走。

上述因素都致使孩子们心理健康出现一些问题，产生心理障碍。我们的家长、老师、教育工作者，都应高度重视学生的心理现象，采取积极态度、科学方法，予以关爱、辅导。

二、心理健康

心理健康指个体在多种环境中保持良好的心理效能，并在不断变化的环境下不断调整自己内部心理结构，在其中渐次提高自己心理发展水平，完善人格特征。

心理健康的人应该有和谐的人际关系，真诚、公正、谦虚、宽容，尊重他人；与人友好，善交往；爱帮他人，帮人成功，自己高兴；有正确的自我观，善于自处，悦纳自己，接受自己，不目空一切，不夜郎自大、妄自菲薄；有健康的情绪，喜、怒、哀、乐正常；对人、对事、对社会、对人生持积极的心态。

中学生年龄阶段的孩子们在健康环境中应该特别热爱生活，乐于学习，能有效学习，客观看待问题，有效认识、处理矛盾，逐步达到意志坚强，能自制，思维清晰，目的明确。现在的中学生缺少能管住自己（人要管住自己最难，包括有些领导人）的毅力和控制力，耐受力差。

学校心理健康教育，要求教育者遵循健康要求，面对全体学生，培养学生良好的心理素质。心理素质，应是人的诸素质的基础。心理是精神，任何素质发展都是以心理为前提的。要发展学生个性，首先应促进其心理健康。

心理辅导（我建议对中小学生用心理辅导，不用心理咨询，心理辅导易被接受，更显温柔）。学校是教育场所，不是心理咨询场所。教育先行，要进行心理辅导。心理辅导，是帮助学生健康成长发展的手段，是助人的手段，帮其解决“长大不容易”和“成长的烦恼”等问题。心理辅导是以积极的发展观为理念，相信人的本性是积极向上的。人都想好，都想成功。心理辅导以学生成长发展为中心，以他助、互助、自助为机制，取得学生心理健康。

使教育行为心理学化，教育过程才是完整的。发达国家已经把教育纳入心理学化的过程。如何把心理学转化为教育行为是我们教育的大课题。我们应特别关注学生的“情绪智商”。“情绪智商”指人善于调节“五觉”，即视觉、听觉、触觉、味觉、嗅觉，人靠感官“五觉”感知世界；“六欲”指人的食欲、性欲、求知欲、名利欲等；“七情”是喜、怒、哀、乐、悲、恐、惊等情绪状态；“八方和合”，和是和平、和睦、和善，合是合作、融合、志同道合等。那么，只有心理学化的全面体现和落实，教育过程才是完整的。

三、心理辅导

人是要成功的，社会需要健康人、成功者。学校教育就是要为社会培养成功者、健康人，包括身体健康、心理健康。

在马克思主义创始人看来，所谓人的全面发展，就是指人的智力和体力都得到充分自由的发展。按这一观点，人类特性应是自由、自主的活动，人的身体活动、心理活动均衡健康发展。

教育先行，对有心理障碍的学生进行心理辅导是现代学校必须做的，也应做好的。

1. 营造环境。

学校营造孩子们健康成长的环境。我们多么希望校园有自然气息。

我们为学生营造充满师生共同愿景的人文环境，营造“主动、探究、合作”的课堂教学环境。

我国近代教育家陶行知旗帜鲜明地提出，要解放小孩子，让他做有意义的活动，开发他的天才。解放儿童的头脑，使他们可以想；解放儿童的嘴巴，使他们可以谈；解放儿童的双手，使他们可以玩，可以干；解放儿童的时间，使他们的生命不会被稻草塞满；解放儿童的空间，使他们的歌声可以在宇宙中飘荡。

学校要营造一个愉快合作的学习环境，友爱融洽的人际环境，多彩自主的生活环境和优秀文明的校园环境。

校园生活应该是七彩的。学生在学校的学习生活应是真诚、幸福、向上的。

教师在教育教学活动中，应多方面为学生创造成功的机会，善于发现他们，真诚尊重他们，科学提升他们。

“给我一个理由，让我去追求。”“知心姐姐”主持人卢勤说：让孩子们树立“我能行”的观念。教师积极诱导学生真正成为教育教学活动的主人，积极主动去学习，轻松愉快去学习，把课堂还给学生。在教学上运用“主动、探究、合作”的原则。主动是学习的品质，探究是途径，合作是形式。并通过学生对教育教学过程的直接参与，为学生创造成功的机会。还可以在班集体生活中，为学生提供发现自己才能的机会。并在集体发展的过程中，学生学会处理好个人成功与他人成功、集体成功的关系。

教师不要轻易给尚在成长中的学生定位，不要说你有心理疾病；不要轻易说，你有问题。我们主张，教师对学生说：你没病。让学生正确认识主观我，正确认识客观我，正常的实实在在的我。让学生多参加体育锻炼，寻求心理平衡，加强性格修养，看淡一些事情。粗心比细心好。培养学生学会宽容。让学生正确对待自己的成功、别人的成功和集体成功，逐步形成积极的心态、向上的心态、成功的心态。

2. 引导性评价。

20 世纪 80 年代以来，评价进入了结果认同时期，进入了“个体化评价时期”，被评价者最大程度地接受评价结果，就是评价的最大效益。协商、沟通、理解、让步、合作、提升；个体化——因材施教，因人掌握，因人辅导。

当前我们教育评价的特点是，缺少全人教育。评价主体、评价方式与方法“量化”多，“质性”少。

新课程倡导发展性评价，综合性评价，科学性评价，过程性评价，创新性评价。这些都是以“人”为出发点，促进个体和谐发展。

评价，须关注个体的处境与需要，须促进个体价值的实现，须激发人的主体精神，而不是分数及分数的准确性。

注意评价的语言，保护学生的自尊心。学生的自尊心像早上梅花瓣上的露珠，太脆弱了，太易掉下了。老师和家长一定要像爱护眼睛一样爱护学生的自尊心。

3. 特殊关注。

(1) 健康度过青春期。有一名初中学生遇到了麻烦，家长不理解，同我聊。我想他正处于生理的青春期，在心理上表现为烦躁、迷茫、想独立等。“对症下药”，沟通、理解后，孩子有了笑脸。青春期学生初二多一些，有的在初一。初二的老师和家长一定要多关注学生。既要关注生理方面，更要关注心理方面；既要关注女生，也要关注男生，并采取相应的措施。如，开办生理、心理讲座，进行心理辅导，学校构建心理辅导室，开展“心理健康”教育。学校办家长学校，提升家长的认识水平和对孩子心理辅导的行为能力。教师、家长帮助学生健康度过青春期，理解他们“长大不容易”，帮他们解决“成长中的烦恼”。

体育锻炼。体育锻炼既能增强学生体质，又能分散学生注意力。体育活动能使学生学会合作，形成毅力品质，对人生充满希望。学校应积极开展体育活动，寄宿学校应进行晨练。

过集体生活，学会互助，让孩子们在磕磕碰碰中长大，走向成熟。让学生们自己管理班级，自己管理宿舍。让学生们自己组织活动，体现自我，提升自我。通过活动学生懂得自己在集体中的作用、位置和集体对自己的重要性。

(2) 学会考试。中学生在整个 6 年的学习过程中，有太多的考试。考试是现在中学生绕不开的教育行为，特别是重大的中考和高考。那么就把考试作为一种教育行为，一种积极的教育行为，让学生正确对待考试，学会考试。在考试中学会做人、诚实、自信、拼搏、成功。

(3) 恋爱现象。学会选择，人生就是选择，选择正确的目标。成功人士，就是在正确的时间、正确的地点，做正确的事。这就是选择。恋爱是人生第一重要选择，包括时间的选择、时段的选择、对象的选择。

处于青春期的中学生对异性关注，感兴趣，走得近，甚至发展到恋爱，是正常现象。（如果一所有千名高中生的学校，无一对恋爱现象，学生是否都是傻瓜?）对于学生中的恋爱现象，老师、家长们既不必大惊小怪，又要关注、关心，善于正确引导。关心要隐性多一些，显性少一些。大人对孩子们要善于引导，把学生的主要注意力引导到学习上，并开展积极健康向上的活动。青年人是要恋爱的，而时段的选择不是在中学时期。

每个学生都是珍贵的存在，是独立的个体，他们都是中华民族未来高素质人才中的一员，实现中华民族的伟大复兴靠他们。今天我们若抛弃一名学生，明天他可能就成为贫困户，后天他也许成为犯罪分子。而学生成才，成大才，又是靠我们用先进的文化、正确的价值观对其进行教育、引导、心理辅导，使学生养成良好的习惯，形成稳定的毅力品质，健康成长，成长为体魄、心理都健康的人。

让孩子们顺利度过青春期

——初二现象

孩子们从呱呱坠地到长大成人，都会遇到许多烦恼，有成长的烦恼，有学业的压力，有走向成熟的烦恼。种种这样那样的心理“问题”会常常缠绕在孩子们的心头。由于问题来自生理方面的多，所以总是让他们难以启齿向他人倾诉。遇到“问题”，孩子们往往不知所措，于是自己看书、私下问同学等等方式便开始悄然蔓延。

11—14 岁是人生的少年阶段，也是人生开始出现生理问题的年龄，即进入了“青春期”。

11 岁的小女孩不知不觉发现，自己和朝夕相处的男孩子在身体方面有些不同了。为此，她感到惶恐不安甚至害羞，但又不敢问父母。尤其在男同学面前，她不敢抬头，不敢直视对方，不敢挺胸，连说话也支支吾吾，好像做了亏心事一样。她偷偷用穿紧身衣、束胸的办法，掩饰胸部的变化。有时候，还刻意在服饰、发型、言谈、举止等方面，扮成一个“假小子”。

初一的小男孩，最近总觉得有点不对劲——原本清脆的声音像是变得浑厚了，而且早上起来的时候裤子上常有些黏糊糊的东西。“我是不是病了？为什么像换了个人似的？”他们在心里自问。男生们在一起的时候悄悄议论，说这表示我们开始发育了。可是发育是什么？会有些什么变化？每当男孩子们鼓足勇气问爸爸时，爸爸们总是说：“你已经是男子汉了，到时候你自然会明白的。”

一名初二的女生上体育课时突然感觉不舒服，在几名同学的帮助下来到卫生室。校医检查后发现她正不停地流血，忙告诉她这是月经来了，还说这是正常的现象，说明她已经告别童年，正在长大成人。女生见到这么多血感到非常恐怖和厌恶：“这样一直流血，人不要死了吗？”

初三的男生发现自己对女生有了莫名的好感，其他男生也有这种感觉。于是，大家开始四处收集带有色情内容的漫画和杂志，并偷偷地交流起来，开始对性有了模糊的了解。一次无意中听说外面有人兜售黄盘，一个男生便去买了一些，但还没找到机会看就被妈妈发现了。妈妈不仅没收了碟片，还把他狠狠教训了一顿。

上述现象发生在初二学生身上比较多。许多家长跟我说，孩子读小学时或刚上初一时还挺省心，对父母的话也能听。可到了初二就开始越来越不听话了，你说东，他非要西。我做了一个调查，这种现象在许多家庭都有过。我把这种现象称为“初二现象”。面对令人困惑的“初二现象”，许多家长束手无策。我曾多次为初二学生家长做过青春期教育讲座，与他们交流，谈对学生青春期教育问题。学生从小学到初中是长大的过程，是发生变化的过程。孩子们由于生理的变化，而导致心理的变化。

一、学习上处于变化期

初中学习，内容较小学有了质的飞跃。小学一般学习语文、数学、外语等几门学科。到了初中不仅增加学科内容，有生物、物理、化学等，更重要的是学习思维方式发生了变化，由线性思维到多维的、发散的思维，需要增强抽象概括能力。从小学升入中学，学习上再沿用小学的方法已经不适用了。初二的学习内容，尤其学科数量变化更为明显，如果不及时帮助学生调整，会出现学习障碍问题。在学习负担上初二也比初一时增加了许多。对于这些学习上的变化，如果不能及时帮助学生调整或学生自我调适，没有足够的心理准备，不改变相应的学习方法，就会出现学习上的落后，而导致成为困难学生。

二、发育上处于青春期

积我多年的教育经验掌握，现在女学生十一二岁时开始第一次月经，到 13 岁左右，大多数的女孩都来了月经，同时出现女性特征。男孩十三四岁，在梦里出现遗精，开始了由小男孩向男子汉转变的过程。这个时期的年龄也大约正值初一、初二，而初二较多。就是说，初二时大多数学生进入了青春期，生理上的发育，必然带来心理上的烦躁不安，迷茫，不知所措。

因此，要抓住人生这一关键时期，对初二的学生进行青春期教育，这对学生一生的健康成长都非常有意义。青春期教育老师和家长共同进行比较好。

首先，对孩子的变化进行细心观察，了解情况，并早有心理准备。对于孩子心理的发展要有足够的理解，就会在对孩子的教育方法上更有针对性，不至于仍然用教育小孩子的那一套办法教育初二学生（青春期学生）。在教育态度上，也会给孩子多一些平等。孩子们到了初中，或是到了青春期，他们往往认为自己已经成为大人，起码是小大人。他们希望老师和家长平等对待他们。

其次，加强家长与老师的联系。这段时间需要父母多关心孩子们的生理变化和心理变化。早发现情况，及时与老师沟通，共同实施教育，就可以避免出现更大的麻烦。

最后，性教育在学校、在家里都应适当进行。性教育要有专业教师进行，让学生正确认识人类自身，正确认识自己，帮助孩子们顺利度过青春期的困扰。如此，孩子也就顺利度过了初二这个人生的关键期。

三、心理上处于关键期

少年时期，或是初中时期，在个体心理发展中，正值心理断乳期。他们一面有独立的要求，一面又有依赖心理；他们试图摆脱大人的约束，却又不能完全自立。因而初二在整个初中阶段是一个人心灵成长的关键期，国外有心理学家称之为危险期。初二期间无论是学校老师还是学生家长都应特别关注学生们的身体成长，关注心理变化，关注他们的喜怒哀乐，给他们一定的空间和自由，让他们健康成长。

初二的班主任，要在班级建设积极向上的凝聚的班风。一个班级的班风对学生的影响特别重要，学生在一个有好班风的班级，就有了成长的好环境，他们会有好朋友，有了问题有倾诉对象，有人帮助；否则就相反。老师应经常组织学生开展适宜初二学生的积极有意义的活动。

初二的任课老师们，要懂得学生心理知识，要知道你每天上课面对的是一群心理变化期的少年孩子们。他们每天、每一节课都可能发生心理问题，在等待你的帮助。老师们要以极大的热情面对他们，关心他们，及时解决他们随时出现的问题。

学校的心理辅导老师，应特别关注初二的学生群体，为他们开设青春期心理讲座，为出现问题的学生及时进行心理辅导。学校校医要为初二学生开设青春期生理课，分男生、女生进行，让学生初步了解自己。

体育老师多组织初二学生开展体育活动，以增进学生体质，转移学生对自身变化的注意力。

同时，学校组织家长会议，办家长学校，向家长们普及让孩子们安全平稳度过青春期的有关知识。学生出现问题后，班主任和家长之间多取得联系，共同关心孩子们。

学生学习方式的改变

——解读新课程

课程比教学有更大的空间。课程是学生的精神营养餐——进餐方式和进餐环境很重要。课程是为学生提供不同的发展路径。

新课程产生的背景：在全球经济一体化、社会生活网络化、学习终身化的世界大背景下，教育不能独善其身，要兼济天下，合作发展。

对现在的学生来说，学会在陌生的环境中与陌生人合作是重要的。将学生领导能力和服务维度纳入到现代教育内容中来，也是重要的。探索学校如何能够帮助学生学习多国家、多民族文化，已成为我们的一项新的教育内容和挑战。总之，世界经济和社会联系的密切性，是我们生活中存在的现实，我们无从选择，只有面对。在这个网络化的社会里，世界各地的学校通过多种形式的相互合作，分享跨国界的理念，进行自我教育，并共同商讨、寻求解决全球性问题的新方法。面对如此情况，我们必须承担起这个使命。

适应这一趋势，我们的教育进行改革，也是势在必行，新课程就应运而生。新课程的核心是改变学生的学习方式，改变学生的学习环境；老师教学方式一定要随之改变。

本文就新课程的思想、内涵等各个元素的关系进行了提纲式的描述。

新课程的几个关系：

学校是课程改革和科学探究的中心；教室是实验室；课程是经验；教材是范例；教学是对话、交流与知识建构的活动；教师是研究者，学生是知识建构者，家长是教育的伙伴。

新课程教师是关键，教师要变。教师在教与学的过程中是学生学习的引导者、指导者、合作者。教师角色的改变：①传授者→促进者；②管理者→引导者；③居高临下→平等中的首席。教师的备课方式改变为：①相互间紧密合作；②改善自己的知识结构；③充分开发利用教育资源。教师备课技能的改变：①善于课程开发，知识资源开发；②提升课程知识整合能力；③善于对教育信息、技术与学科进行有机结合。教师教学策略的变化：

①重知识传授→重学生发展；②重教师的教→重学生的学；③重教学结果→重学习过程；④重课堂统一思想→承认学生差异，并转变提升。

学生学习方式的改变：①学生主动学习，研究性、探究性学习；②教师为学生创设丰富的教学情境；③学与教的过程是让学生体验学习过程和成果；④师生互动的学与教的过程是把学生获取知识转化为既获取知识同时又提升能力。

教师更多的是指导学生到哪里去寻找学习资源，怎么去学习，如何寻找学习方法等。教师要学会运用网络，运用网络使教学能现代化。网络不能替代学校，但网络能改变学校。

新课程的特点：

1. 五个结合
   - 理论与实践相结合
   - 创新与继承相结合
   - 国内与国外相结合
   - 管理与研究相结合
   - 典型与普及相结合

2. 四个特点
   - 改革的方向——促进学生的发展
   - 改革的前提——师生家长观念转变
   - 改革的基础——教师能力的全面提升
   - 改革的关键——评价方式

3. 四个矛盾
   - 新课程与旧观念的矛盾
   - 新内容与课时的矛盾
   - 新课程与教师原有素质的矛盾
   - 学生旧有学习习惯与需要新学习方式的矛盾

4. 新课程
   - 还教师一个灵魂
   - 还学生一个自由
   - 还学校一个真实

新课程管理思想：

1. 将课程由控制、协调经由开发、促进转到管理、激励、创造上；

2. 由课程本位转到人本位上(学生本位——学生需要什么?);

3. 由刚性管理转到柔性管理上;

4. 由管理性管理转到教育性管理上;

5. 由贯彻性管理转到校本管理上。

{人本位同社会本性
不是对立,应是结合的
校长靠人格管理

{学科管理——校本位
学校课程——校本管理

{教师依赖“参考书”时代结束
一支粉笔、一本书、一块黑板时代结束
学生听老师讲、跟老师学时代结束

新课程的变化:

1. 学习方式的变化,师生在教与学的过程中是互动的,非学生的“被动”。

2. 教学目标的变化,是双向,非单向。

3. 教师教学行为的变化:“听老师讲、跟老师学”的学生学习时代结束。

4. 对教学评价、学习评价的变化——“重构课堂”。

5. 国际氛围的变化。

6. 合作学习、合作教学:师生合作,生生合作,师师合作。

新课程的突破:

1. 将课程中学科之间的界限模糊化。

2. 打破课本知识和日常生活知识之间的界限。

3. 打破“基础教育的平庸化”——教材、参考书是现成的。

4. 变“实现式教学”为“发现式教学”。

5. 课程功能有改变:

①基础性课程;②拓展性课程;③国际化课程。

6. 促使学生学习方式的改变:

主动、探究、合作——是学生学习的主题词。

① 学习品质——主动
② 学习途径——探究
③ 组织形式——合作

学生学习最佳状态——情绪兴奋；

由教师的教研——到学生的学研。

教师指导学生达到学习最佳状态时：

1. 有兴趣时；
2. 身心处于最佳状态时；
3. 教学内容用多种形式呈现时(不仅是多媒体)；
4. 遭遇到理智的挑战时(高难度)；
5. 发现知识的个人意义时(对自己的影响)；
6. 能自己探索、创新时；
7. 被鼓舞和被信任做重要事情时；
8. 有更高的自我期待时；
9. 学以致用时。

让学生学习主动起来：

1. 教师尊重甚至欣赏他们；
2. 让学的知识与生活经验相联系；
3. 让他们活动，积极地活动，全员都动起来；
4. 学生参加学习目标的制定。

新课程结构：

1. 分科课程 / 综合课程

2. 知识课程——间接知识 / 经验课程——直接知识

3. 知识课程 / 心理课程

4. {显性课程
隐性课程

5. {中国课程
国际课程

6. {学校课程
自主课程——学生自学
学生学业指导课程

课程是知识化的经验,经验化的知识。

课程让知识活起来,活在情感里,活在方法中。

教育本身有其丰富性,不要太条理化。

例:学英语,让学生阅读有关他们喜欢的事情的英文书,体育爱好者读体育内容英语书,爱好小说的阅读英语小说,效果会非常好。

新课程与传统课比较:

	新课程	传统学习
特点	主动、合作、探究	被动
程序	问题、探究、解决	听、作、考
时空	开放的	课堂中
价值	信息、素养、创新精神	系统、学科

比较之后就会晓得,在价值、时空、程序、特点等方面,传统课背景下形成的教学显然不适宜新课程基本思想、教育理念、总体构架、主要特点的实现,更难以适应学生新的学习方式。

评价:

老师们几乎每天都在评价学生,如何评价?需要我们了解有关评价的知识,认识评价,以便正确评价学生,求得教育的目的。

评价种类:

{高利害评价
低利害评价

对学生的评价，有发展性评价、水平性评价和选拔性评价。其中选拔性评价是高利害评价，发展性评价和水平性评价是教育评价。

评价的发展。古代缘起：在传统的科举时期，评价的特点以选拔为主，这是它的主要功能。19 世纪末至 20 世纪 30 年代，评价发展到了心理测验时期。其特点是：间接测量、量化。20 世纪 30 年代—50 年代中叶，评价发展到了目标中心时期。其鲜明的特点是用描述方式和重视描述。20 世纪 50 年代中叶—80 年代末，评价发展到了标准研制时期和价值判断时期。从 20 世纪 80 年代至今，评价发展到了结果认同时期。

随着时代的发展、人类社会的进步，现在已经进入了“个体化评价时期”，即让被评价者最大限度地接受评价结果，就是评价的最大效益。评价的主体与被评价的客体以协商、沟通、理解、让步等方式，使评价个体化——因材施教，因人而异，取得最佳效果。

当前我国教育评价的特点：缺少全人教育、评价主体；评价方式与方法上“量化”多，“质性”少。教育行为好多是不能量化的。

新课程倡导的评价：发展性评价，综合性评价，科学性评价，过程性评价，创新性评价。评价以“人”为出发点，促进个体和谐发展。

学生评价：须关注学生个体的处境与需要，须促进学生个体价值的实现，须激发人的主体精神。对学生的评价不是也不应是分数及分数的准确性。

在多向评价流程中坚持以学生为主体。

评价学生：传统——你好是我（老师）的功劳；现代——你好是你（学生）努力的结果，教师只是引导者，而非主体。例如体育课评价：学生运动需全身运动，而非过于强调整齐划一。

给孩子们好习惯和艺术

经常有老师和家长提出这样的问题：对于孩子们来说，人生最重要的是什么？有这样一则故事，一位大学毕业生去求职，他按公司约定时间准时到达，敲门进入人力资源主管办公室，很礼貌地说“您好，我来应聘”，并双手递过去自己做得很大方又简洁的简历。主管问：“有工作阅历吗？”“没有。”

大学生的守时、礼貌、诚实和他的行动所呈现的艺术，打动了人力主管，被录用了。其实，对人一生最重要的品质是习惯和艺术。良好的习惯，必然有良好的人生。你若欣赏美，懂得艺术，会运用艺术，你就会有美好的人生。

习惯，是从小养成的行为。习惯，是一种坚持。有这样一个命题：习惯培养性格，性格决定命运。按照这个命题，人若有好的习惯，就有好的命运。

英国著名的伊顿公学的教育，有4个鲜明的特点。其一是它的教学哲学——自由教学。他们主张学校给孩子们的知识是他们将来的基石，让他们将学到的知识在生活中应用，最大限度激励学生的能力，让学生主动向导师提出问题等。1861年，伊顿公学当时的校长威廉·约翰逊·科里曾经对学生们说：“进一所好学校，最需要学到的不是知识，而是艺术和习惯。”专心致志的习惯，表达意见的艺术，表示在一瞬间注意到一项新的学术动向的艺术，迅速了解他人思想的艺术，重视细微差别的习惯，准时完成工作的习惯。一个人在学校里花费许多时间学到的知识中，绝大部分可能都不会被直接运用，并渐渐被遗忘。而真正最有效、最持久地作用于这个人的，正是在学校中体验到的那些“艺术和习惯”。一所学校要蕴含这些“艺术和习惯”，并把这些“艺术和习惯”最大限度地转化给学生。伊顿公学的这一教育哲学，值得我们思考和借鉴。

大凡在人生道路上幸福之人，都有良好的习惯。大凡在事业上取得理想的成就之人，都有非常好的习惯。

有良好的习惯是做人之基础。有良好习惯的人，起居有序，生活有序，做事有序。有良好习惯的人，别人喜欢你，愿意和你交往与合作，你才容易成事。习惯于能真诚地欣赏他人的优点，对人诚实、正直、公正、和善和宽容，对其他人的生活、工作表示深切的关心，你会有许多好朋友，你当然会成事。

遵守时间，倾听他人讲话，男人要绅士，懂得礼让，心胸宽宏，眼界开阔等都是良好的习惯。现代社会人与人交流方式很多，及时回朋友的短信息，及时回邮件等是需要的好习惯。写规范的电子邮件，打电话不拖长时间；都是必需的好习惯。完成好工作任务，是使你不会下岗的好习惯。高质量完成工作，是事业成功的好习惯。

艺术呈现美，懂得艺术的人生活会是美的，说话会是美的，思维会是美的，做事会是美的。若不懂得艺术，何谈是现代人。若使做事有创意，需要懂艺术。让艺术融入我们的行为；我们的行为要呈现艺术。

我们的教育要培养学生良好的习惯。包括家庭教育、学校教育都应培养孩子们良好的习惯。

我们的教育要让学生懂得艺术。一个懂得艺术的人，才会有美好的人生。

把习惯和艺术贯穿于我们学校教育的始终，在课堂教学中体现，在课程里体现，在活动中体现，在环境建设中体现。老师讲课的艺术，学校大门的建筑艺术，学生校服的设计艺术，校长的演讲艺术，图书馆书的摆放艺术，化学老师做化学实验的动作艺术，校园网的网页设计艺术，艺术节的师生表演艺术，学校给家长的信的文字艺术，等等。让好习惯在每位师生的行为中体现，让艺术满校园。在这样的校园里读书的孩子们会形成好习惯，会懂得艺术。

第四部分

教育连通世界

——国际化："兼容并包"教育的路会更宽阔

中外合作办学，教育国际化的思考与漫谈

教育现代化与国际化应是同步的，没有教育国际化就不能实现教育现代化。伴随我国教育国际化的进程，教育出口国的教育资源已源源不断向我国逼近，大有占领我国教育市场之趋势。教育国际化趋势对我们是挑战，又给我们发展学校带来契机。

1. 观察现象。

(1) 我国自费出国留学形成潮流，近年有增无减。

(2) 2004 年国际教育展引来了众多“老外”以强势宣传抢占中国教育市场，仅英国就来了 100 多家院校和教育机构。

(3) 中外合作办学以多种形式探索并出现。

(4) 境外来华招生纷至沓来，境内教育机构向外大批输送学生。

(5) 各种“洋考试”纷纷举行。

(6) 在大留学生基础上出现“小留学生”现象，即初中、小学生去境外学习。

如此诸多现象表明，国际教育以市场竞争形式的脚步已踏进了中国大地。我国正面临各教育出口国的强大攻势。

中国是教育的大市场，据教育部官方消息，2003 年，我国普通高中在校生达 1 201 万人；到 2005 年，达 2 200 万人，增加近 1 000 万人。这样大的高中市场，一方面中国大学资源满足不了入学要求，同时“老外”们会虎视眈眈，必来抢占这一市场。

2. 我国法规。

(1) 我国在加入 WTO 谈判中明确教育领域只能“合作办学”和“允许外方获得多数拥有权”，而不是“合资办学”和“外方控股”；

(2)《中外合作办学条例》及《实施办法》；

(3)《高等学校赴境外办学暂行管理办法》；

(4)《自费出国留学服务中介管理条例》及《实施细则》；

（5）《高等学校接收留学生管理规定》；

（6）《关于中国政府奖学金的管理规定》；

（7）《中外合作举办教育考试暂行规定》；

（8）《关于开办外籍人员子女学校的暂行管理办法》。

这些有关涉外教育的法规政策为我国教育开放提供了基本的法制框架，即各种教育服务贸易活动必须在这一框架内运作，接受我国政府的监管。

3. 相关数字。

（1）在资源相对缺乏的情况下教育资源的部分流失。我国学生自费出国留学导致资本外流，2000 年是 6.4 亿美元，2001 年是 15.2 亿美元，2002 年是 23.4 亿美元。

（2）教育国际贸易在全球涉及 200 多亿美元的总量。早在 1998 年，仅外国留学生一项，就给美国带来 75 亿美元的收入。按我国留学生 60 万人，平均每人每年花费 1 万美元，大学 4 年计，我国这些年来的教育外汇流出也在 240 亿美元左右，合人民币约 2 000 亿元。

（3）到 2004 年，北京共有外籍学生 4 万人，若平均每人每年消费 1 万美元，仅 4 亿美元。

（4）中国学生出国学习从高中到大学毕业，大约需要 5 到 6 年时间，家长总共要投入 60 万至 80 万元人民币。

（5）2000 年，世界各国接受高等教育的外国留学生约为 162 万人，国际教育贸易总额已经达到了 500 亿美元。

（6）澳大利亚教育服务贸易出口 2002 年获利 37 亿美元，留学生人数 41 万人，到 2025 年计划上升到 100 万人。

（7）美国教育服务出口总额 1989 年为 45.75 亿美元，2000 年为 102.8 亿美元。

（8）有消息预计，到 2025 年，全球留学生总数将上升到 700 多万人，这将使教育服务贸易达到全盛时期。

（9）教育国际贸易在全球涉及 200 多亿美元的总量，这是非常大的贸易空间。

(10) 目前世界上已有42个国家和地区在开放教育市场上签了字，我们中国也在其中。中国已经加入WTO，WTO规则强调的是自由竞争、市场准入和国民待遇原则，这就要求各成员国改革限制性的教育法律和法规，变为开放性法律、法规。

(11) 我国于1978—1999年间，中外教育高层签订官方教育双边交流协议80多个，与160多个国家建立了教育交流关系。2000—2002年，我国和其他国家签订双边合作交流协议36项。2002年4月和2004年2月，我国分别与德国和英国签署了中德两国政府《高等教育等值协定》和中英两国《高等教育学位证书的互认协议》。我国还与新西兰、澳大利亚建立了双边教育交流定期磋商机制。

(12) 自1978年改革开放30年来，我国各类出国留学人员总数已达121万，仅2007年就有16万人出国留学。

4. 教育调查。

我走访了一些教育国际化较好的学校，他们的教育国际化主要做法，一是经预科英语后输送一部分学生到境外去短期、中长期学习；二是聘请外籍教师到学校任教英语；三是招收外籍学生同中国学生一道学习中国课程；四是招收的外籍学生直接学习引进的国外课程或有的将外国课程一部分延伸来让中国学生学习，之后出国留学。

教育国际化主要是引进发达国家的先进文化、教育理念、好的课程和优秀教师为我所用；同时招来外籍学生学习中国文化。

5. 国家提出。

自2001年加入世界贸易组织以来，我国政府及教育部门研究和制定相关的法规条文，推进双边和多边的教育合作与交流，构建了教育资源流动的制度环境，取得了很大成绩。面对日渐汹涌的国际教育服务贸易浪潮，面对发达国家纷纷进行战略调整，发展中国家面临诸多不平等竞争，我国采取积极的应对策略，提出：

(1) 进一步调整完善国际合作与交流的内容与形式，进行有利于教育资源合理高效流动的宏观调控。

(2) 对流入的教育资源加强监管。我国亟待加强的是对中外合作办学的质量评估。一方面建立与外国及国际学校评估或认证机构的合作关系，另一方面鼓励国内的专业教育评估机构参与评估，发挥专家的优势，对学校进行定期的、专业水平的评估。并发挥社会中介组织的积极作用，通过评估对参差不齐的外国教育资源流入及办学经营活动进行行业规范。

(3) 从国家战略的高度谋划教育开放。立足国家人口发展战略需要，逐步改变我国教育开放在世界教育服务贸易格局中“世界最大的国际教育服务进口国”的地位，积极扭转教育逆差，从教育服务贸易的大国转为教育服务贸易的强国，构筑教育开放安全防护体系，促进我国经济社会以及教育的可持续发展。

(4) 引导自费出国留学的消费者做出理性投资。自费出国留学主要是个人行为，相对而言开放度较大。但是鉴于部分消费者(学生及家长)的盲目性，自费出国留学的总体工作方针可以在原有的“支持留学，鼓励回国，来去自由”的基础上，政府采取“积极引导，不断规范，加强监管，造就人才”的政策导向，扩大公民的教育选择，提高国家人力资源开发能力。在规范行业服务行为上，一方面通过加强教育涉外监管网的建设，完善信息披露制度，及时发布留学预警；另一方面促进自费出国留学中介的行业自律，组建行业协会，使用规范合同，实现服务转型。

6. 分析。

在教育信息化、学习终身化、经济全球化的背景下，世界各国将教育作为一种服务贸易，可以按照商业的模式运作并带来可观的利润不仅是许多国家的共识，有很多国家已经在积极地实践，并取得了可观的经济效益和社会效益。

世界贸易组织于1994年底完成了乌拉圭回合谈判，通过了《服务贸易总协定》。这份具有国际法地位的文件正式将教育纳入“服务贸易”的范畴，明确规定“除了由各国政府彻底资助的教学活动外，凡收取学费、带有商业性质的教学活动均属于教育贸易服务范畴”。这标志着早在20世纪

90年代中期，世界各国政府就达成共识，把教育作为一种服务贸易，可以按照商业模式运作并带来可观的利润。经过十几年的发展，国际教育服务贸易的格局已经基本形成并初具规模。美、英、澳等国利用先发优势，占领了国际教育市场的绝大部分份额，并且积累了市场推广、质量监管等方面的经验。

接收留学生的国家获得的主要收益：①货币资本；②人力资本；③社会文化资本，不同的国家以留学生为载体所传递的价值、文化、传统等难以衡量的知识和观念。

我国教育开放从国家战略高度来看，关系着我国人力资源的储备、科学技术的发展、国际竞争力的提高，这些要素进而决定了我国在新一轮综合国力竞争中所处的位置和所扮演的角色。从环太平洋地区来看，美国在二战后就推行一贯的教育出口政策，招揽各国的年轻精英；其余各国也不遗余力地发展教育服务贸易，澳大利亚的目标是成为“海外学生的首选留学目的地”，新加坡的自我定位是“环太平洋的教育之都”。与之相比，我国在教育服务贸易方面起步晚了十余年，相关政策法规亟待健全，双边和多边合作需要更多的工作层面的磋商，教育资源的流动需要政府的合理监控和积极引导。在此形势下，我国教育开放一定会有新的应对策略，出现新的形势，会是喜人的形势。

我国完全有可能从教育服务贸易的大国转为——也有能力成为——教育服务贸易的强国。随着综合国力的不断增强，我国在世界上的影响越来越大。中国文化的魅力吸引着越来越多的外国人来学习，中国市场的诱惑力吸引越来越多的外国商人来投资。我国经济实力增强，国际地位不断上升，中国文化的影响越来越大，学习中国文化的人会越来越多。这是教育对外开放的大好契机。

从维护国家教育主权和促进经济社会乃至教育可持续发展的战略需要出发，国家目前比较谨慎，但我想会相继出台国家策略，使教育开放更大，更规范。

按中国国情，实现教育现代化，不能仅靠公立教育，要加上民办教育和国际合作教育，即向教育引进我国民间资本——民办教育，引进外资——国际合作教育，引进国际先进文化，来解决教育资金短缺和满足老百姓让子女接受优质教育的需求，并提升教育品质。

我认为中国传统文化中最有价值的部分，应该是兼容并蓄，消化融合。我国的教育国际化刚刚起步，国际教育服务贸易的发展动向使我国教育领域受到冲击，面临更加严峻的挑战。一是国外教育资源流入所带来的一些负面影响；二是在资源相对缺乏的境况下教育资源的部分流失。同时，国际教育服务贸易的发展又给我们带来了机遇。抓住机遇，就是赢家。

看我国教育的发展：①农业文明时代，形成了私塾教育；②工业经济时代，集体学校教育（国家承担）应运而生；③在知识经济社会背景下，经济向集约化经营形式发展，教育出现集团化也势在必然。这些大概不以人们意志为转移，伴随社会变革应运而生。

中国教育目前发展的更大空间：一是发展民办教育，让民间资本做贡献；二是教育国际化，无论是教育思想、教育市场、资本需求都需要。所以，我想中国教育的开放度，无论对内对外近期一定将会有更大的步伐，这是世界教育和我国教育发展的大背景，是顺应教育发展思潮和中国社会转型期教育发展方向的。

因此，我们要探索中国教育现代化与国际化的有效途径，探索中外合作办学的最佳方式，探索汉语国际推广的课程、模式、方法等。这些需要我们的智慧、毅力、执著、策略和对社会发展、教育走势的判断及深层领悟。

值得借鉴的异域学习方式

教育的最优化一定要落实到学习的最优化上。学习的最优化，主要是学生优秀的学习品质，良好的学习方式，持久的学习耐力，终身学习的习惯。

我曾经访问过英国著名的伊顿公学，这些域外学校的办学经验、教育理念，值得我们了解、思考、探讨，值得我们借鉴。而我特别关注的是他们为学生学习营造的学习环境和学生的学习方式。

在英国伦敦泰晤士河畔，温莎堡对面，有个名叫伊顿的小镇，英国著名的伊顿公学就坐落在这里。伊顿称为“公学”，而并非公立，它实际是私立学校。自1440年，亨利六世为公学奠基以来，伊顿公学已有570多年的办学历史。伊顿公学不仅是最显贵的贵族男校，同时被誉为“世界级精英人才的摇篮”。英国众多皇家子弟和历史名人曾在伊顿公学读书。在滑铁卢战役中打败拿破仑的威灵顿将军(The Duke of Wellington)，使它成为了勇者的跑道。小说家与讽刺散文家佐治·奥威尔，著名诗人雪莱(Shelley)，托马斯·格雷(Thomas Gray)，这些响亮的名字又使它成为文学艺术的摇篮。伊顿公学毕业生中有20位首相、36位维多利亚十字勋章(英国最高荣誉的英勇奖章)获得者，而当今英伦威廉王子，也曾是伊顿公学学生。伊顿公学是精英文化教育的典范，是荣誉地位的象征，是男人成才的摇篮。师生绅士着装的伊顿公学以“绅士文化”闻名世界。

走进伊顿校园，你会产生如置身于古堡之中的感觉。校园里有不同年代的建筑，围成一个四合院，沿袭着浓厚的中世纪欧洲文化的传统。古老的建筑物，庄重的黑色燕尾校服，各项传统的英式体育活动以及优秀的专业师资队伍和高品质的教学制度，无一不体现出伊顿深厚的文化底蕴。走进伊顿校园，好像走进了人类历史，走进了教育历史，沉甸甸的，有厚重感。

伊顿公学在经历了时代的变迁和君主更迭之后而幸存下来，不仅是公学自身的福气，也是人类教育的福气。

在伊顿公学的多尼湖，经常举办世界级体育比赛，2012年伦敦奥林匹克运动会皮划艇比赛在这里进行。

伊顿公学自建校伊始，管理方针遵循温切斯特公学的教学路线，伊顿公学的学生必须在牛津大学和剑桥大学的英王学院继续学业。伊顿公学的学费是高昂的，但有来自全世界的70多位学生享受着英国国王给予的免学费、餐费和住宿费待遇。

伊顿公学高品质的教学制度有四个鲜明的特点：一是教学哲学——自由教学。伊顿公学认为给孩子们的知识是他们将来发展的基石，让学生将学到的知识在生活中运用，最大限度激励学生的能力。让学生主动向导师提出问题等。

二是孩子们自己选择。伊顿公学学生不希望老师引导，而是与老师讨论、争论，这样才能最大限度地学到东西。伊顿公学不是在培养孩子们的领导能力，而是培养善于合作的能力，他们认为，对于学生的未来，合作能力是最重要的。伊顿公学课程内容是非常丰富的，有戏剧表演、体育竞赛，物理、化学活动，有组装汽车，有音乐会、英式橄榄球、社团活动（学校有60多个社团）等课程。每周一、三、五上下午上课，而周二、四上午上课，下午交给学生自己活动。

三是学生自己发展。伊顿公学的校长说："不让孩子们冒险，将来就有更大的冒险。"伊顿公学的学生组织单位非常特别，学校的宿舍是学生们的新家，每座宿舍楼是一个集体，从一年级到五年级约50人，除了上课之外，起居、餐厅、体育、娱乐活动都以宿舍为单位，像一家人。50人中，13岁的10人，14岁的10人，15岁的10人，16岁的10人，17岁的10人，由生活导师指导生活。学会做人、学会生活找生活导师。学生自己发展，要自信，有自我，珍惜存在。学生遇到困难，首先自己解决，解决不了再找同宿舍同学帮助，仍然解决不了再请教生活导师。伊顿学生几乎每天下午都有体育运动。其中，伊顿划船赛的礼仪优雅浪漫，"伊顿五人"、墙赛、田野游戏赛等伊顿的特有运动勇猛粗鲁。在游戏般的体育运动里，男孩们不仅锻炼体魄，而且能形成同学之间的互相尊重、团结、合作、集体责任感和荣誉感。参加体育等各种比赛活动时以宿舍为单位，学生首先是为自己而赛，然后是为同宿舍而赛，继而是为伊顿而赛，最高境界是为祖国而赛。

四是所有发展都有安全保障，保证孩子们能有所学，有提升。他们认为学校不是加工厂，保证毕业生都优秀。

在伊顿公学校园里，我看到的更多的是学生的自信，学生之间的合作，学生自由活动的空间，学校给学生的自主。校长向我介绍学校情况时，每到一处都带一名学生，主要让学生说，说他们的感受、对学校的认识、自己的发展。学生入学时，只是13岁的小男孩，而离开伊顿时，则是18岁的谦谦君子。他们在伊顿的5年完成的是生理、心理、知识、体能、思想和社会责任感的全面成长。高年级同学的言谈举止也是低年级同学的榜样，伊顿的良好校风、礼仪，就这样代代相传。

在英国还有许多优秀学校。如1885年建校的罗婷女中，一直以来，被誉为英国的皇室女子学校。有“男有伊顿，女有罗婷”之称。作为女子教育的引领者，罗婷女中致力于培养优秀、独立、自信的女学生。罗婷的学生不仅学习优秀，还有广泛的兴趣和良好的自学能力，这归功于学校注重培养学生的学习兴趣和发现精神。罗婷女中是最好的学校是名副其实的。

英国还有因培养和鼓励学生独立思考、严谨作风和喜爱学习而著称的牛津中学。牛津中学的课程有：理科、技术、数学、语言、艺术、体育、公民意识、领导能力等。学校注重学生与他人关系的质量，并期盼每个学生在世界村中找到自己的位置。

有提供舒适、宽大和设施完善的住宿的皇家女子中学。学生可以选择的课程有：四门语言学科、三门理科，音乐和戏剧是学校传统特色课。学生成绩优秀。

始建于1619年的德威士学院，是全英最大的男校之一。德威士有优良的教学传统，学生除成绩优秀外，还参加大量的其他课程，如体育、戏剧、音乐、辩论等。任何课程，学生们都争取做到最好。学校对每个学生都要求参加至少一个学校社团。学生对外代表伦敦和英国参加各种大赛。德威士的理念是，在学校最重要的是孩子，让孩子们在现有条件中最大限度地受益。其毕业生大多进入英国牛津、剑桥和美国的耶鲁、哈佛等世界一流大学。

圣保罗女中是世界著名中学之一，从2000年起，她在英国中学排名一直在前两位。学校给学生提供充满活力的学习环境和广泛的学科，如体育、艺术、戏剧、音乐等。学生成绩优秀。学校鼓励学生们有独立意识，树立远大目标，自信和富有责任心。学生们在相互尊重，希望参与社会活动的氛围下一起学习，成绩优秀，有50%的学生能上牛津大学和剑桥大学。

与众不同的美国US学校的课程

位于美国俄亥俄州克里夫兰市美丽的伊利湖畔的University School学校，是全美最著名的私立男校之一，是美国现任驻中国大使雷德先生的母校。

US学校致力于开发男孩子的吃苦耐劳、诚实、善于交际等能力，使他们能够有一颗宽容的心对待别人，在需要他们的时候能够挺身而出，肩负起责任和担任领导。

US学校的教育主旨是要促进男孩子的个性发展、健康的体魄、机敏的头脑和高尚的道德情操。由于每个孩子所具有的天赋不尽相同，与女孩子相比，男孩子的学习方式和发展速度也存在差异，所以学校的组织机构、人员结构等设置正是为了应对这些差异。在US学校的每一个男孩都能够感受到被认同和爱护的时候，他就会去做他想做的事业。

US学校的教育学段是从幼儿园到高中，并且所有高中毕业生都上大学继续学习。US学校的毕业生被一些著名的录取条件非常苛刻的大学录取，并在那里表现得很出色。

US学校是一个针对性强，学习氛围轻松愉悦的学校。学校有非常与众不同的学术项目，促使学生们能够熟练掌握基本的学习技能，使学生毕业后仍有非常强的学习欲望，加之富有了后来的实践经验，更会促使他们在今后的生活中不断学习。

US学校是一个值得男孩们了解和向往的学校，是杰出优美的学校。尊贵而别具特色的校服，美好的校园生活回忆，激烈的比赛和各种欢庆活动，共同构筑了孩子们在US学校的时光。学校给予孩子们很多，但期待更多。

US学校的目标是将有潜质的男孩打造成完美的男子汉，为此学校有非常突出的必修课及选修课，课程内容充满竞技性、艺术性、音乐性及其他。学校的选修课为学生提供了各种机会去服务他人，去锻炼，去组织，去玩耍。活动使每个男孩都有机会投入时间、努力和天赋。

幼儿园和小学(1—5年级)，致力于在互动和基本课业的学习中开发孩子们的学习潜质，使其获得必要的学习技能。学校拥有富有爱心和才智的幼儿教师队伍，他们有着深厚的专业知识，对男孩们和他们的学习方式有独到的理解。

初中学生(6—8年级)，这个阶段的孩子们变得更加独立，因为他们开始质疑周围的世界。初中的教师们深刻地了解青少年，并努力提供一个系统有利的环境，使每个孩子在这个环境中能建立自信，并发现他们的想法和才华。

高中学生(9—12年级)，这个阶段的学术计划包含了一系列严密的文科课程。老师每天都和学生进行互动，老师给学生时间、友谊和支持，以确保每一个学生在他所熟悉和喜爱的环境中茁壮成长。

针对幼儿园、小学、初中、高中年龄段的不同特点，US学校设置了特色鲜明的年段课程。

下表为US学校课程设置一览表：

	1—5年级	6—8年级	9—12年级
课程	艺术	戏剧	艺术
			英语
	计算机科学	计算机科学	
	外语(西班牙)	外语(西语、法语)	外语(中、拉丁等)
	综合课程		
	语言艺术	语言艺术	
	图书馆		历史
	数学	数学	数学

续表

课程	音乐	音乐	
	体育	体育	体育
	科学	科学	科学
	社会研究	社会研究	
		视觉艺术	
			奖学金

1—5 年级课程设置：

US 学校课程设置为男孩们专门设计了"如何学会学习"的课程。

艺术课程。低年级的视觉艺术课程侧重于四个方面的学习：艺术史、美学、艺术创造和语言的艺术。老师们在课堂上教授儿童艺术，孩子们学习和使用艺术语言表达自己的美感。通过各种艺术媒介，包括绘画、黏土、铅笔、墨水、粉笔等创作二维和三维作品。如 5 年级创作的希腊英雄，3 年级使用黏土表现美洲原住民艺术。素描是艺术课程的一个重要组成部分。艺术工作室是一个大型的开放的空间，包括一个摄影间，它能让男孩们仔细观察周围的世界，并表现出他们所看到的一切。

外语课程：西班牙语融入到幼儿园至 4 年级的课堂。五个 C 的语言学习教授：通讯（communication）、文化（culture）、连接（connect）、比较（compare）和社区（community）。通过书籍，音乐，游戏，烹调和男孩交谈增进其了解西班牙语言和文化。到了 5 年级，外语发展融入英文和社会研究课程。

综合课程：将一个男孩变成好公民和生产力的成员，是他们的一个主要目标。他们认为，研究各种文化能促进这一发展。学生利用学校的主题为基础的研究，探索重大历史遗留问题和关系，理解作为良好公民的责任。他们学会在教室和图书馆使用各种资源，书籍，访问、实地考察所在社区，恰当地利用网上资源。随着大量的信息在特定议题的成倍扩大，每年的研究技术是一所学校可以传授的最重要的"技能"。

语言艺术课程的目标是使男孩成为合格的、独立的领导人和作家，我们努力帮助学生最大限度地发挥他们的能力，使他们能明确、流畅、简洁地表达思想，包括口头和书面形式。从幼儿园到8年级，课程设置识字、听、说、读、写。语言艺术从幼儿园到4年级是以融入主题为基础的课程。

图书馆课程计划重点放在三个主要技能：识字技能，包括如何选择，分享和评价书籍，图书馆的技能，如何使用在线目录，并寻找各种材料的图书和信息技能，如何研究和寻找、评估和有效利用信息。所有的男孩有机会全年挑选和检查的图书收集逾1.2万本和8个研究图书馆的电脑。

社会研究课程使学生深入探讨的题目包括：中世纪的生活、17世纪的捕鲸活动，以及古希腊。男孩建立一个城堡，设计一个捕鲸村庄，将舞台剧和希腊神话融入其中。

还有数学、音乐、体育、科学等课程。

6—8年级课程设置：

这一段的课程主要是比较严密的、基础性的、基于技能训练的课程。

综合课程继续在中学男生的具体议题中进行研究，同时建立批判性思维和分析能力。课程目标是发展学生对学科领域的概念理解和掌握读、写、计算和运用科学的方法。创作、征文比赛的组成和公众演讲得到强调。学生磨练、研究和学习技能，并通过各种主题实践活动进行探讨。学生还学习计划，并组织自己的学术工作，把自己发展成为主动和独立的学习者。

7年级的计算机和高科技课程提供编程和计算机辅助设计。8年级学生探索图形设计、动画和视频编辑。数字音乐作为一门“音乐和其他技术”选修课。

6年级的男生进行拉丁美洲、罗马文明研究。7年级的学生选择西班牙语、法语。

语言艺术课程的目的是使初中男孩成为读者和作者，并具备深刻的、复杂的思维。学校还努力开发学生，使得当他们分享他们的研究和个人的意见时表现镇定。

社会研究课程的目标是让学生在对历史、文化和政府感兴趣的同时，使他们掌握基本的社会研究的概念。学生磨练、研究和学习技能，并通过各种主题实践活动进行探讨。要让孩子们不仅记住重要的日期，而且知道为什么那些日期是重要的；不仅记住著名的人，而且深入了解人类。

视觉艺术课程是通过每个男孩参加一些大型演播室和项目来完成；每个男孩要求发展自己独立的想法，创作艺术品；每个男孩有几页短期的绘画任务，这三个部分能把学生锻炼得多才多艺。

还有数学、音乐、体育、科学、戏剧、外语等课程。

9—12 年级课程设置：

艺术课程在视觉和表演艺术方面为高中生提供了更丰富的机会。这些课程分为三大类：音乐、戏剧和视觉艺术。

英语课程通过学习文学，鼓励学生独立思考和批判作家。英语教师挑战和激发学生讨论，分析和解释文学作品。

高中外语课程包括中文、法文、古希腊语、拉丁文和西班牙语。

历史课程是一个核心的必修课程，包括西方文明（9 年级、10 年级）和美国文明（11 年级）。

生物、化学、物理三门是介绍性课程。实验室课程有生物环境科学、生物物理（电）、物理化学、普通化学。有自然历史和资源课程。

还有数学、体育、科学等课程。

US 学校还有丰富的活动课。

一是国内和国际项目。口号：学习世界——让我们旅行！目标是：建立更大的文化包容性，并进一步增加学生的全球化意识，拓展学生视野，增加自信心、技能、知识和建立积极的态度，成为全球公民。他们的学生先后到过波斯瓦那、中国、哥斯达黎加、洪都拉斯、意大利等国家和学校进行交流访问。

二是暑期活动，有冒险夏令营，用 6 个星期的日营；有空间科学探索等；有学术研究活动；有运动夏令营，即提供青少年各年龄组参加夏季体育活动的机会，孩子们可以享受一些结构和组织严密的比赛，有曲棍球、足球、棒球、篮球、摔跤、网球、高尔夫。这些计划的目的是传授基本技术，并建立个人和团队的技能。

三是事业发展中心，帮助学生学习创业技能，提供机会让学生体验创业，为学生联系到其他学生和企业家组织实习。

目前的项目：有企业家杯，参加世界杯的企业家竞争，构思新业务，创造良好的营销计划，推出和发展个人业务。学生参加一系列的研讨会，涉及的主要内容包括有效的业务计划等。

金融建模课程：全年课程的目的是启发学生开启感兴趣的职业生涯，管理或创办自己的企业。四个主要议题包括：战略、管理会计、营销和业务交流。课程广泛使用哈佛商业案例、企业家培训、在线业务的模拟、以团队为基础的项目、假设情景分析。

嘉宾演讲系列：每个月，邀请当地企业家介绍股票经验、拥有的业务，并深入介绍他们的专业领域。已经进行的演讲包括讨论创新、商业法、房地产开发、体育营销、互联网电子商务，以及其他议题。

摩根学徒：学生培养创业技能，可在美国俄亥俄州东北部工作，直接与当地企业家以一种有意义的学徒训练方式展开计划。学徒的职责是直接观察，学习经验，并了解企业管理人员和企业家所面临的挑战。

投资俱乐部：学生每周与一位经验丰富的股市分析师交流，了解上市公司和投资战略。学生团队可参加股票市场的竞争。

四是户外探索。他们学校的狩猎山谷校园拥有约89万平方米的珍贵林地，学生感兴趣的是自然科学和生态，这些都是户外教室。学生不分年龄，人人共享校园，可进行实地研究和其他户外活动。他们的户外活动，包括枫木糖化行动、鳟鱼孵化、桦树皮独木舟、天文观测和流域研究等。

闪烁的火花是一切的开始

我曾经访问过美国著名的私立女校，俄亥俄州克里夫兰市的海瑟威·布朗学校，即HB学校。奇怪的是，走在HB学校的走廊、教室、实验室以及运动场上，你能感觉到与众不同的东西，它在噼里啪啦作响，它在有节奏地震动。这就是 HB 的独特之处，并且一切都是那么的安全。学校的独特之处实在是很难用言语去描述和概括，因为那里有某种力量，有不同寻常的自信心，有乐观的态度和完成任务的自豪感，这些都赐予了 HB 学生无比的力量。

这是一所从幼儿教育到 12 年级的学校。

幼儿教育：为孩子们一生的成长投资。HB 学校认为，幼儿教育对于激发孩子们智慧的火花，对于她们的智力、艺术、社交方面的天分来说，越早越好。HB 学校早期的幼儿教育旨在开发孩子们对新鲜事物的探索和学习的能力，了解孩子们个体发展的差异性。因此，HB 的课程构建为了适应最广泛的需求，设立了以介绍基础科学、语言、算术概念为主要结构的课程，鼓励发展孩子们的创造性思维和交流能力。

为了使学生更加有主见，能成功，HB 的幼儿中心让孩子们积极地、独立地参与到各种活动中来，让她们有机会使用各种新学到的技能。HB 学校的这些学生已经展示出她们的自信心、主见性和责任感，这些都将毋庸置疑地帮助她们未来取得成功，不仅是在学校，更重要的是她们的整个人生。

小学教育：点燃学习的激情。女孩子们很喜欢"艺术级"的科学设备，如木工艺术、工程实验室、温室、栽有香草的户外花园和长有庭院植被的实验室等。

HB 学校世界级的小学教学设施为每个女孩子学习文化知识、艺术和长大成人提供了极好的机会和条件。学校相信开展"意识文化"教育对于小学生来说十分重要，HB 学校的小学外语项目让孩子在幼儿园时期就开始学一门外语并一直持续到小学 4 年级，旨在促进她们对不同文化的了解与认同。综合课程分为数学、科学、社会学、语言艺术和外语等。HB 学校希望教会孩子有用的，并能帮助她们茁壮成长的技能。

初中教育：引领正义感和是非观。HB 学校结合青春期女孩子的特点，给予她们独特的挑战和机遇。对于初中女生，学校所承担的义务是——展现学生对知识的先进性和艺术性的构想。HB 学校的文化创造性在朱厄特—布朗学院中心成功地体现出来。学校的目标是让每一个孩子能在营养的、带有激发性质的环境中去学习，去成长，发展她们的自信心和技能。尤其是在身体、思想、情感急速变化的特殊时期。学校同时利用所有初中学生的特点，让她们相互学习，互助学习，课堂也将是共享的、积极的、固定的。学校依据学生的兴趣和参与热情设计了多样的教学方法，如角色扮演、辩论和仿真游戏等，结果是激发学生的灵感和实际操作能力，让她们成为最棒的。

高中教育：重在对青年人将来的成长进行指导。优秀的学术质量是 HB 学校所具备的，不同之处在于它提供给每个学生发展个体和兴趣的完美空间。

在 HB 学校每一个高中女生都参加物理课并也很热衷于学习莎士比亚的作品，也参加大学预科和类似水平的课程，如涉及科学方面的研究项目、艺术和计算机的课程、经济、心理、世界宗教等。学校鼓励学生勤于思考，善于自学，建立伙伴般的师生关系，建立一个活跃的教育社区。通过科学研究项目，HB 的青年们获得了很多大学所不能提供的实践机会、创新项目，比如科学研究建议项目，这些都将使学生终生受益。高中科学课的研究课题，最长的做了 8 年，在三期学生先后传递后，终于出了重大成果。

我非常欣赏 HB 学校的课程地图，学校的威廉校长介绍说是学校全体老师共同编制的。内容有为各个年级学生开设的尽可能多的课程及其简介，还有学校的“办学宗旨”、“各年段课程活动”、“终身学习中心项目”、“学生学习帮助”、“教学设施便览”等内容。重在培养和解决学生在实际社会生活中可能遇到的问题。如小学 2 年级的教学要求中有：在虚拟团队中帮助学生理解规则与合作在社会生活中的必要性。

HB 学校的办学宗旨：我们将竭尽所能帮助所有学生建立起强烈而持久的学习愿望，帮助她们从心底树立起服务大众的远大理想和坚强个性。

美国的课程更贴近生活,更重视学生解决实际问题能力和创造精神的培养。如 HB 学校的"社会学习"课程,也是欧美发达国家普遍开设的一门重要的综合课程,是人文社会科学类课程,内容涵盖公民、法律、历史、地理等。

在 HB 学校时,我参观了由 15 位老师共同指导的大型艺术课。学生用多种形式介绍多国文化,东方的、西方的、不同民族的。孩子们对表演不同文化的理解,让我赞叹不已,老师们同学生一起表演。

在 HB 学校期间,我每天看到的是学生和老师灿烂的微笑,没有负担感的学习状态,老师蹲下来与孩子们平等交流的情景。

HB 学校连续多年培养出了美国中学生最高科学成就奖——"西屋科学奖"的得主,是与其独到的办学理念、精心的课程设计和学生们良好的学习方式有密切关系的。这就是美国著名的私立女校 HB 学校。

教育作用之神奇

——从山田高中看日本教育

1. 我访问过日本。当你走入日本时,会有如下印象。

(1) 干净整洁。我去过日本的东京、青森等地,去了学校、报社、政府,去了世界自然遗产白神山地和富士山、芦之湖,去了苹果园等。日本无论是城市、乡村,还是景区,到处都干净,特别干净。无论是日本当地人还是游人,没有乱扔垃圾现象,当然也看不到垃圾。日本的垃圾是分类存放的,以便回收处理和再利用。

日本林木归国家所有,一棵树都不得砍掉。在日本到处能够看到成片的树木和森林。

日本人的卫生习惯值得我们学习。在宾馆吃早餐时,每个人都把自己使用的盘碗等餐具垃圾收拾干净,盘、碗、碟、杯、勺、筷有序放置。日本人说话轻声,不随地吐痰,不边走边吃,香烟灰有专用袋。这些良好的卫生习惯代表着日本人的教养水平、教育水平，是尊重他人、对社会负责的表现。

(2) 文明有序。在日本我发现一个奇怪的现象，看不到警察。车路分左右两道，行车一律左行，几乎没有发现超车现象。在餐厅里就餐，一般是自助形式多些，取饭菜、饮料时，人们自觉排队，没有插队拥挤现象。在商场买东西的人都是轻声慢步，没有发现吵吵嚷嚷的。无论是宾馆的服务人员，还是商场的工作人员，都是彬彬有礼、温和谦恭。

(3) 精细高效。我在日本访问时，接待我们的日方朋友，把我们每一天从早上 9 点到晚上 9 点的行程都安排得非常详细，每一个活动的时间安排都精确到分秒。对我们每一天的每一个活动，日本朋友都打出详细的行程单子，包括会议、会见、互动、参观、就餐的时间，参加人的姓名等有关信息都非常具体。日本朋友给我们的每个单子里面还写几句常用的日语，便于我们学习，在当天的活动中应用。

在日本，无论是知事、议长的接见，还是教育长的约见，他们都非常守时、高效，且风趣幽默、平易近人。

我参观访问了日本的明之星高中，访问了东奥学圆高中和青森山田高中。这些重要的活动，对方安排得精细高效，无慌乱之感觉。

(4) 乐观敬业。在日本期间，我发现日本人还是比较乐观的，他们说话有些风趣幽默。据说日本人是世界上平均寿命最高的国家，这也许与他们乐观的人生状态有关。在日本我接触了许多年龄在 70 岁以上的老人，他们还在工作着，在服务行业的就不少。

上述现象可以看出，日本人的素质是比较高的，这种高素质来源于教育。可见教育作用之神奇和日本对教育的重视。

日本位于亚洲大陆的东部，是太平洋上的一个岛国，国土窄小，物产资源贫乏。第二次世界大战以后，日本迅速从战后废墟上重建成今日世界瞩目的技术大国和经济大国。其现代化成功的秘诀，是日本高度重视教育，大力发展教育，开发人力资源，使他们拥有了一大批适应国民经济发展的各类人才。今天日本的教育无论在数量上，还是质量上，都已经达到了世界一流的水平。日本青年中有70%的人拥有接受高等教育的机会，日本大学生完成高等教育的比例是91%，在经合组织各成员国中名列榜首。日本的书店较多，学校有图书馆，机场有书店，超市有较大的图书角。日本的教师比较注重继续教育，图书馆里关于教师进修学习的书很多，在图书馆读书的人也很多。

在日本，我访问了日本山田高中，这是一所体育特色学校，是著名的乒乓球女运动员福源爱的母校。

山田高中一年级的学生，开设课程有普通科、自动车科、调理科、情报处理科、建筑科共5个学科。另外一所学校，东奥学圆高中一年级招收有普通科120名、福祉科80名、调理科40名、情报科学科40名，4个学科共计280名学生。从课程设置看是比较全面的，从中可以看出日本非常重视学生的实践活动，培养学生的动手能力，培养学生热爱劳动的品德。课程促成了学生的全面发展，实践练就了劳动技能，活动使学生学会了合作。

2. 山田高中的校长向我介绍日本的教育情况。

(1) 重视道德教育。日本从初中到高中，每周都有一节道德课。学校十分重视学生的行为习惯、生活习惯、卫生习惯、礼仪习惯的教育。日本从小培养学生遵规守纪，守时守信，讲究卫生，保护环境，不乱扔垃圾。日本人见面鞠躬，非常有礼貌。日本女人结婚后如果有了孩子就不工作了，专门在家相夫教子。妈妈对孩子的教育，在孩子人生道路上起了非常重要的作用。学校的很多活动，学生的妈妈都要去参加，对孩子进行监管和鼓励。

(2) 重视个性教育。日本重视为学生提供个性化的教育服务，学校十分尊重学生的课程选择。学校在教育目标、分科编班、课程设置、教育活动等方面，努力为学生创造自主选择的课程及时间与空间，为学生的终生发展成为高素质的公民奠定基础。我访问过的青森明之星高中，是一所女子学校。学校有护理课、家政课，她们的校长就是日本家政课最好的老师。

(3) 重视体育。日本是一个非常重视体育的国家，如登山、滑雪、网球、棒球等运动项目开展得蓬蓬勃勃，而且是全民性的。一般的中学都有设备良好的大型体育馆。山田高中是一所体育特色学校，有体操、棒球、足球、柔道等许多体育项目。校长向我介绍，世界乒坛名将福源爱被他们视为学校的骄傲。我下午在山田高中参观时，全校学生都在几个体育场馆进行体育活动。

(4) 重视实践教育。日本从小学起就重视实践教育，培养孩子们的动手能力。他们的小学生到四五年级还不太懂得考试，他们认为实践是最重要的。学生到中学后学校更加注重培养学生的动手能力。护理课上，学生亲自动手给病人穿衣服，在家政课上又亲自动手学习烧菜做饭，在自动车课上学生亲自动手学修车。日本的中小学生玩的时间多了些，家庭作业也偏少一点，但在综合能力的培养、在素质方面的教育上有些还是值得我们参考和借鉴的。我访问了一所幼儿园，正好是中午用餐时间。4 个小男孩，自己在动手用餐，吃完饭后把果皮等弃物全部收干净，包好放到指定位置。我一直观察他们整个就餐过程，为小孩子这么自立而惊叹。

日本的教育改革。到了 1980 年，日本达到了“赶超型”现代化的目标，成为世界瞩目的经济强国、技术大国。为了培养新型人才，他们开始了教育改革。日本确立了新技术革命的挑战和“科技立国”战略，明确了国际化的进展与“国际国家日本”的战略目标，制定了成熟化的进展与终身学习的社会目标。针对教育本身存在的问题，他们不断纠正偏重学历的社会风潮，纠正学校教育单一和僵化及大学之间缺乏为质量而进行的竞争。

根据在 21 世纪把日本建设成为富有创造性的充满活力的国家这个总目标，日本确定面向 21 世纪的教育目标是：(1)培养心胸宽广、体魄强健和富有创造力的人；(2)具有自由、自律和为公共利益服务的精神；(3)使学生成为面向世界的日本人。日本教育改革的原则是重视个性的原则，向终身学习体系过渡原则、国际化原则、信息化原则和多样化原则。日本教育改革的具体措施，一是完善终身学习体制；二是改革初等、中等教育及其课程设置；三是改革高等教育；四是振兴学术；五是教育国际化和信息化；六是改革教育行政和教育财政；七是建立教育改革推进体制；八是扶植私学。同时，日本注重让孩子们在“轻松宽裕”的环境中学习，注重培养学生的“生存能力”，尊重个性，因材施教，培养学生获取、选择、整理、创造和传递信息的基本能力，努力实现教育国际化，培养具有国际视野的、在国际社会中能够积极生存的、能够为人类共同的知识技术财富作出贡献的新的一代。日本注重加强学校、家庭和社区的联系，共同推进教育改革，净化社会环境，保证孩子健康成长。

在欧洲访问时发生的教育故事

与世界发达国家和地区的优秀学校互访交流，将人类优秀文化、优质教育资源共享，进行不同国家、地区学校间的教育合作。学校间以师生互派等方式进行交流学习。不同国家和地区的校长、教师、学生在学校所在国家和地区法律许可范围内进行文化、教育交流，又可成为载体传承不同地域的价值、文化、传统等社会文化资源，同时获得用价值、文化、传统等难以衡量的知识和观念，以发展学校，发展教育，实现“共享全球优质教育资源，培养国际视野现代人才”之目的。

我访问过欧洲的德国、法国等国家。欧洲像博物馆一样令人沉醉；欧洲是见证人类文明发展和辉煌成就的大陆；欧洲集古典与现代、激情与内敛、典雅与时尚于一体；欧洲璀璨的爱琴海古文化，似蓝天白云那样纯净；塞纳河畔的浓香咖啡，让人良久回味；伦敦的大雾，使你迷失在古老的贵族气质中；欧洲在每个人眼中可能有不同的想象，然而所有的人都会流连忘返。秋季的塞纳河畔，书香、画美、咖啡浓。

我访问过欧洲的许多学校，在此过程之中，发生了许多故事。故事让我们深思，让我们联想我们的教育。

故事一:保护文化

在德国美丽的波罗的海畔有一个宁静的小镇阿伦斯堡,名字得于镇上的古堡阿伦斯堡。阿伦斯堡是一座高大巍峨的白色建筑,周边有两道几米宽的护河,应是古代的护城河吧。堡门口有一对虎视眈眈的石狮子,门前有许多参天古树。古堡在湛蓝的天空下,显得成熟厚重。古堡保存得很完整,里面的摆设、当年主人使用过的物品几乎完好如初。游览介绍中说,这座城堡于1938年被正式辟为博物馆向公众开放,那时的德国正处于纳粹当政的时期,看来,即使连人类不齿的纳粹政权,也还是做了一些保护文化的事的。古堡里有一些中国的瓷器和摆设,15、16世纪,正是欧洲流行"中国风"的年代,那时西方的贵族,都以能在家中摆放一些中国艺术品为荣,很多建筑装修的风格,也采用了大量的中国元素。那时的中国,是世界上最强大的国家,她的文化,也就很自然地成为了当时整个世界追崇的风向。

在蓝天白云下,阿伦斯堡小镇宁静,人们悠闲,咖啡飘香。

故事二:买到车票了吗

我们从德国的汉堡乘坐火车去柏林,在汉堡火车站购买火车票。德国当地人好多是用卡乘车,很少有人临时购票。汉堡火车站很大,我们费了好大工夫找购票处都找不到。当问一位先生购票处的位置时,他热情地带我们去了购票处。我进去排队购票。当我购买车票出来时,惊讶地发现,给我们引路的这位德国先生还在等我,并问我们买到车票了吗。德国先生的热情,很是让我感动。

故事三:美好的发现之旅

我是第一次来巴黎。到巴黎入住宾馆,发现巴黎的宾馆无论是走廊还是大厅都不很大。宾馆大厅有咖啡座，是客人小憩、等候和用咖啡之处。大厅里有一排很大的书架，书架上摆放着许多书。进入宾馆，使人们感觉很温馨。

当我们拉着行李箱，进入我们入住的宾馆时，服务员是一位小伙子，他马上过来接过我们手上的行李，同我们边走边聊。他问我们，是第一次来巴黎吗。我们说是。他亲切自然地说："那你们一定会有一个美好的发现之旅。"服务员，小伙子，一般被认为文化水平不高，做点需要体力的服务活。从宾馆大门走向办入住手续的前台，服务员为了免除宾客旅途的疲劳，与你聊天。服务员竟能说出"那你们一定会有一个美好的发现之旅"，让我们惊讶。他热爱他的家乡巴黎，他在宣传他的家乡巴黎，他又没说"巴黎好"的字眼。

故事四：你提的问题非常好

在巴黎我们入住的宾馆，非常巧的是在大作家雨果故居附近。工作之余，我们想去参观这位影响世界的大作家的故居。这天下午，在我们住处周边左转右转，半天没找到雨果故居。我们向一位路人问路，这位法国中年妇女微笑着说："你们提的问题非常好，遗憾的是我不知道，不过没关系，我可以同你们一起找。"说得多好啊！"你们提的问题非常好"，她是表扬我们吗？是的，在巴黎怎能不参观大作家雨果的故居呢？她是骄傲吗？是的，雨果是有世界影响的大作家，是法国人。"遗憾的是我不知道。"好坦率。"不过没关系，我可以同你们一起找。"她为我们服务，对国际朋友友好。

附：维克多·雨果（Victor Hugo，1802.2.26—1885.5.22）19世纪浪漫主义文学运动领袖，人道主义的代表人物，被人们称为"法兰西的莎士比亚"。

雨果出生于法国东部紧挨瑞士的杜省贝桑松，他的父亲是拿破仑手下的一位将军。儿时的雨果随父在西班牙驻军，10岁回巴黎上学，中学毕业入法学院学习，但他的兴趣在于写作，15岁时在法兰西学院的诗歌竞赛会上得奖，17岁获“百花诗赛”第一名，20岁出版诗集《颂诗集》，因歌颂波旁王朝复辟，获路易十八赏赐，以后写了大量异国情调的诗歌。以后他对波旁王朝和七月王朝都感到失望，成为共和主义者，他还写过许多诗剧和剧本，以及几部具有鲜明特色并贯彻其主张的小说。

1841年雨果被选为法兰西学院院士；1845年任上院议员；1848年二月革命后，任共和国议会代表；1851年拿破仑三世称帝，雨果奋起反对而被迫流亡国外，流亡期间写下一部政治讽刺诗《惩罚集》，每章配有拿破仑三世的一则施政纲领条文，并加以讽刺，还用拿破仑一世的功绩和拿破仑三世的耻辱对比。

1870年法国不流血革命推翻拿破仑三世后，雨果返回巴黎。雨果一生著作等身，几乎涉及文学所有领域。评论家认为，他的创作思想和现代思想最为接近。他死后法国举国致哀，被安葬在聚集法国名人纪念碑的“先贤祠”。

雨果最为法国人津津乐道的浪漫事迹是：他于30岁时邂逅26岁的女演员朱丽叶·德鲁埃，并堕入爱河，以后不管他们在一起或分开，雨果每天都要给她写一封情书，直到她75岁去世，将近50年来从未间断，写了将近两万封信。

贯穿雨果一生活动和创作的主导思想是人道主义——反对暴力，以爱制“恶”。

雨果几乎经历了19世纪法国的所有重大事变，一生写过多部诗歌、小说、剧本、各种散文和文艺评论及政论文章，是法国有影响的人物。

雨果的创作历程超过60年，作品等身，包括26卷诗歌、20卷小说、12卷剧本、21卷哲理论著，合计79卷之多，给法国文学和人类文化宝库增添了一份十分辉煌的文化遗产。其代表作是：长篇小说《巴黎圣母院》、《悲惨世界》和诗集《光与影》等，短篇小说《“诺曼底”号遇难记》。

《巴黎圣母院》(1831)是雨果第一部大型浪漫主义小说。它以离奇和对比手法写了一个发生在15世纪法国的故事：巴黎圣母院副主教克罗德道貌岸然、蛇蝎心肠，先爱后恨，迫害吉卜赛女郎爱斯梅拉尔达。面目丑陋、心地善良的敲钟人卡西莫多为救女郎舍身。小说揭露了宗教的虚伪，宣告禁欲主义的破产，歌颂了下层劳动人民的善良、友爱、舍己为人，反映了雨果的人道主义思想。

《悲惨世界》最能代表雨果的思想艺术风格，他以卓越的艺术魅力展示了资本主义社会奴役劳动人民、逼良为娼的残酷现实。然而，作家深信唯有道德感化是医治社会灾难的良方。小说虽不乏现实主义因素，但就人物形象的塑造、环境的描写、象征和对比手法的运用等方面而言，仍然是一部浪漫主义的杰作。

故事五：四名德国学生

在德国学校访问期间，学校四名高三学生始终为我们服务，类似我们的社会实践活动，这是德国很重要的教育内容和活动。德国学生高中毕业后在社会上要工作至少两年，然后上大学。两年中，应聘到好工作，并在工作中表现突出的容易被好大学录取。

在这所学校一周时间，我一直注意观察四名德国学生。他们是两名男生，两名女生。他们着装自然，没有刻意装扮；他们落落大方，在十几个国家和地区的名校长面前，他们始终灿烂地微笑，那么自然，发自内心的微笑；他们与各国校长们交流，无陌生感。从出行购票、引路等，可以看出他们的能力和合作。

德国的老师与学生之间的交流，平易亲切；学生与老师交流自然大方。学生的生存状态很好，他们的受教育方式很好，他们的成长是健康的。

汉语教学的一朵奇葩

——为《我喜欢汉语》作序

《我喜欢汉语》一书，由北京市中小学外籍学生教育研究会编辑，是北京市外国中小学生的创作文集，内容有“我喜欢汉语”、“我喜欢北京”、“我喜欢中国老师”、“我喜欢中国朋友”和“思念家乡”5 部分，共 98 篇，是从 1 000多名小作者的文稿中选出的。

北京市有来自全世界各地的 5 000 多名外籍中小学生和每年近 20 000 名短期游学学生，分别在北京的 86 所中小学学习。学习汉语是他们的主要目的。“学习汉语是对中国最好的接触和了解，中国文化太有魅力了，汉语太美了”，这是外籍学生经常说的。

进入 21 世纪以来，随着我国综合国力的不断增强，世界范围内的“汉语热”不断升温，汉语现在已经是最“走俏”的外语语种之一。

阅读《我喜欢汉语》，你一定会欣赏这些外籍孩子们学习汉语和了解中国文化的内心情景，分享小作者们在字里行间渗透和表达的喜欢汉语、喜欢中国老师、喜欢中国朋友、喜欢北京的喜悦。

能让这些外国学生学习汉语，学好汉语，热爱汉语，要非常感谢承担汉语国际推广任务的学校和汉语老师们，感谢他们对汉语的热爱，对汉语国际推广工作的执著，和对外籍学生学习汉语的耐心教育及良好的方法。

同时，以中小学外籍学生为载体，在我市基础教育和更广的范围传递着不同国家和地域的文化、价值、传统及知识和观念，对首都北京国际化大都市产生着积极的影响，对教育国际化的推进产生着积极的影响。

非常感谢编辑本书的老师们的辛勤劳动，他们为读者朋友们奉献了汉语教学的一朵奇葩。

我每天清晨写一篇三五百字的教育小文，已经写了四百多篇。名曰【包祥说教育】，写山，写水，写古，写今，写典故，写新闻，最后都连接到教育，希望读者朋友们思考，获得启发。

在《教育原来如此美好》再版之际，选取其中9篇【包祥说教育】于此，请读者朋友们分享。

包祥说教育—2

善，是爱的源头

孩子善良，妈妈几乎就完成了家庭教育孩子的使命。

善，是爱的源头。

善字是，上下两羊头、中间一长丰、下面一张口。羊头：表示羊角、刀枪、武功、武力、柔顺，象征首领、权力和地位，五行属金。首领行使权力一定要如羊之温顺才符合宇宙规律。否则，使暴政者必暴毙。上下两个羊头，指羊头所代表的规律首尾相连、周而复始、循环往复、无穷无尽。丰则是：三横一竖，一竖贯三横。在善字中，三横指天、地、人，即宇宙；一竖是一种贯穿天、地、人的，使天、地、人等万事万物都遵循的同一的、根本的规律。口：一是说、念、讲；二是指圆、圆周运动、周而复始、永不停息。

所以，善字的根本意为：苍穹以其为首，天、地、人共同遵守，万事万物常念不息，威武又温柔的宇宙的根本规律。善哉、善哉、善善哉！

善的定义：善本身是一种心理的主观判定结果，随着主体和时间的变化，而被赋予不同的内容。

善：是心理学上对感觉的一种描述。“一切可以达到幸福而没有痛苦的行为都是好的行为，就是善和有益。”人是万物的尺度，善是万物之一，所以人是善的尺度。

做善事，人们心理健康，身体也健康。做了恶事，人往往晚上睡不着觉，身体会不好。

人们追求真、善、美。真是符合规律、逻辑。善是有效的理论、知识、方法、技术等。

美是品德、平等、民主、自由以及信仰等精神。

善是爱的源头，家给孩子种下善因，孩子性格有大爱。

积善之家必有余庆，积不善之家必有余殃。古往今来无一例外。

亲爱的家长朋友，包祥老师劝你们远离功利，远离浮躁；走进善良，走进大爱！

（2016年11月2日清晨于青岛八大峡端然书屋）

包祥说教育—100

教育是什么？

教育似一潭明镜的水。当你站在清澈的潭水边，观山色湖光令人陶醉。当你真的纵身一跳，又会觉得深不可测，原来不知教育如此深奥。

教育似那远在的高山。当你站在原野遥想那巍峨的山峰，一山四季有鲜花，有森林，山顶有皑皑白雪，山下有清泉永流。然你走进山一绕，“横看成岭侧成峰，远近高低各不同。”你又觉不识了。教育似那远在的神秘高山。

教育似那辽阔的草原。你想象蓝天白云下的风吹草低现牛羊，那清澈的小溪奔流遥远，那幽幽的黄花点缀，那马头琴的长调伴着炒米奶茶乳香飘。当你真的走来草原也许会迷失方向，也许会遇到暴风雪白毛风。

教育似情人。当你追情人时热烈奔放，追其千般妩媚，万般美好。当你真的得到了却又迷惘于生活中还有柴米油盐酱醋茶，还有不懂的尴尬，或因不懂而吵闹无家。

教育原来如此美好，引无数教育者以身相许，一生求索，甚至一无所获。

教育是什么？孟子说：择天下英才而教育之。孔老夫子说：因材施教。庄周说：吾生也有涯，而知也无涯。韩愈说：教育乃传道授业解惑。英国伊顿公学认为：教育是习惯与艺术。

教育是什么？教育是上下五千年，纵横九万里；教育是高山大川，是涓涓细流；教育是春风夏雨，是秋熟冬雪。

教育是什么？"教育"是名词，又是动词。当你视"教育"为名词时，有些抽象；当你视之为动词时，又容易脱轨。此乃教育之魅力。

教育是什么？教育是学校积淀的校风，教育是先生之示范，教育是家族的祖训，教育是妈妈的柔情似水，教育是爸爸的男人风骨。

包祥在《教育原来如此美好》的扉页上写道：只有拥有对人类社会发展的透彻领悟，才能真正懂得教育。

教育是什么？张载说先生应：为天地立心，为生民立命，为往圣继绝学，为万世开太平。范仲淹说先生：云山苍苍，江水泱泱，先生之风，山高水长。

教育是什么？人类能把载人卫星送上太空，而造不出一粒米。一粒米有生命的奥秘。教育面对的是生命的奥秘，不可小觑。

教育是什么？教育是其来也渐，其入也深；教育是婴儿学步，咿呀学语；教育上尊天理，下循人情；教育是加减乘除，平仄抑扬。

教育是什么？包祥曾也斗胆立言：每个孩子都是珍贵的存在；童年是属于大自然的；自然生长乃吾教育。

教育是什么？迷茫的人与教育异梦同床，痴情的人与教育神交而远隔关山。

我与教育似蝴蝶思想也为花，蝴蝶思花不思草。

师者若无自知之明，岂有知人之明？

生之所欲师必从之，为此我便奋笔疾书，便呼唤为之，便携书剑走天涯。

（2017年2月8日于青岛八大峡端然书屋）

包祥说教育—101

小榛果发现的眼睛

小榛果每天有三件事：一是睡觉。她一天的时间一半都在睡觉。二是吃饭。吃饭有规律，每隔四个小时吃一次。当然吃的量也是有节奏的，随时间的发展在增量。三是我观察她的主要内容。小榛果有一双大而有神的眼睛，她在不停地看，在张望，在发现。她看到一个物件，要看好长时间。她看妈妈，看爸爸，看姥姥……

你可知道，小榛果的眼睛会说话，会交流，所谓的用眼神交流。

其实，小榛果是刚刚才3个多月的青岛小嫚（青岛人对女孩儿的称呼），她在高歌猛进地生长着，在一日千里地生长着。因为妈妈爱喝有香甜味道的"榛果咖啡"，所以有了榛果名。

小榛果是幸福的，她四岁的哥哥特别喜欢她。当她一旦哭时，哥哥便喊："妹妹哭了，姥姥抱抱吧，妈妈抱她吧！"

小榛果是二孩儿。家是善良的，无论是独生子女，还是二孩儿，教育就没有问题。善，是家里一切的源头，是爱的源头。

因为幸福状态最佳，小榛果便每天悠然地生长着，看着，发现着……

孩子的眼睛是真正引领其进入人类社会的金黄大道。所以说眼睛是心灵的窗户，是眼睛打开了心灵。更重要的是儿童在用眼睛发现，发现这个世界，发现周围的一切。对于儿童，用眼睛发现比大人的教育更重要，比妈妈的唠叨更重要。恰恰是儿童眼睛的看（发现）被很多家长忽视了，被老师们忽视了。其实，很多家长和老师们不懂“看”这一儿童的伟大行为！

眼睛是心灵的窗户，眼睛又在发现世界。眼睛是内心世界和外部世界链接的桥梁！

（2017年2月9日于青岛八大峡端然书屋）

包祥说教育—108

生日叙心语

昨天是2月15日，是我的生日。

生日之时，当然感谢父母的生育之恩和养育之恩，感谢我教育同仁们的举杯祝福！

我的母亲是一位慈祥而伟大的母亲。她的伟大在于不唠叨。在我们中国遇到一位不唠叨的妈妈是我的福气！妈妈教育我只一条，做男子汉——“男人要敢于担当，要顶天立地，要有责任，对妻儿，对父母，对祖国”，她如此说。母亲家是三代医生，所以老人家特干净，并健康生活。88岁高龄，母亲无病而终！

父亲的伟大之处是温和不言。包家是书香之家、教育世家。20世纪30年代，爷爷把长子——我父亲留在家里，打理家业，让叔叔们出洋留学。记得孩提时，妈妈常讲叔叔们留学的故事，深深地印刻在我的脑海里，对我后来的上学读书影响是无限大的。

父亲不说，从来不说是他支持了叔叔们。父亲走后，一次我到叔叔所在的城市讲学教育，期间来叔叔家看望二老。叔叔和婶母用整整一天时间给我讲爸爸支持他们上学的故事，讲得热泪盈眶。

我大哥小时，叔叔带走，供他读书到毕业，又到就业。他们说这是包家的家风！善哉！我上学时是我大哥供我学费！善哉！

父母亲的伟大在于，没有给我们兄弟姐妹留下任何抱怨，包括对亲人，对他人，对社会的抱怨，没有！所以我的人生就没有任何抱怨！

做教育要说有些许成绩，感谢我多年的教育同事们，无论是曾经的，还是现在的。

在现在的艾瑞德国际学校，老师们积极地理解和践行着自然生长教育，让我感动至极；我们的家长朋友们，义无反顾地选择自然生长教育，让我感动；中原大地这片热土，接受自然生长教育落地，让我感动！江苏凤凰教育出版社等几家出版社出版我叙说自然生长教育的书，让我感动；“自然生长教育之家”的读者朋友们每天读我写的“包家说教育”，让我感动；我的妻子赵淑华老师是我文章和书的第一读者，让我感动！

此乃生日之心语，感动道来！

（2017 年 2 月 16 日，于小木屋写在生日时）

包祥说教育—110

一个很沉重的话题

哈洛实验与妈妈的爱。

著名学者哈洛做过一个实验：把一群刚刚出生的猴子从猴妈妈身边带走，分别关进冰冷的铁笼子里。笼子的一边是用钢丝做的一个非常坚硬的、很像猴子的架子，架子上放奶瓶。笼子另一侧放一个毛茸茸的、很像猴妈妈的玩具。哈洛开始观察，小猴子都集聚在像妈妈的猴子玩具周围。小猴子饿得快死了才会去另一侧的铁架子上拿奶瓶喝奶。一旦喝饱了，它们又迅速地跑到像妈妈的玩具“猴妈妈”身边。

虽然这个“猴妈妈”不能为它们做任何事情，小猴子们还是紧紧地依偎蜷缩在“妈妈”身边。

更严重的是，这些猴孩儿们长大了，统统无法融入正常的猴群里。它们经常尖叫，哭泣，恐惧，抗拒，甚至攻击。

哈洛后来通过技术手段，使其怀孕生下小猴。这些猴妈妈对自己新生的小猴，毫无感情，推开它们，甚至咬它们！

太残酷了，无论是无情无爱的猴妈妈，还是实验本身，写到此我实在写不下去了。所以，这个故事我一直不愿意写，更不愿意写入我的教育书里，以前也没有写入我的教育书。

爱是我们大脑深处的一个原始驱动程序，它不会自然产生，它由母亲的爱而生发传递，由良好的社会环境孕育。孩童时没有得到母爱，没有得到亲人的爱，长大后很难有爱，更远离大爱。

所以我一直主张，婴儿从0岁到3岁，一定由妈妈自己带(母亲的爱她人替代不了)。儿童幼小时在母亲的大善中生长，在妈妈的大爱中生长，在家人、亲人的大爱中长大，太重要了；学校要给学生大爱，教育的底色是爱，老师职业的底色就是爱，然后才有其他，也才能实现其他。

又是年初打工出行时，牵挂那些远离父母的留守儿童，全社会都应关爱他们；那些忙于经商远离孩子的父母，快快回到孩子身边吧；那些打麻将、跳舞、喝酒、玩微信的妈妈们，快快回到孩子身边吧；那些少爱的学校，马上给学生以爱吧！包祥老师大声疾呼！

爱，才能孕育一个有爱的民族！

(2017年2月18日，于中原万和城含泪而书)

坚持

北京有位年轻的校长是我的忘年之交，我们经常一起到茶楼品茶，聊教育，聊读书。北京植物园里的茶楼、玉渊潭公园茶楼、万寿路茶楼、紫竹院茶楼等都有我们的座位，留下了我们的声音。

今年春节期间，他同两位对教育迷茫的教育同仁约我品茶一聊。

现在的教育现象是“一片白云横谷口，几多归鸟尽迷巢”。他说做教育有些困惑了，有些不知方向了，有些不知所措了。教育乱象，口号满天，有些校长一年一个口号，有些所谓的教育专家站在台上整天喊口号，教育微信圈里到处是“家教三招”、“读书五个技巧”、“七步教学法”等。

他说您做教育为什么那么执着？您就没有犹豫彷徨过吗？

屠呦呦获诺贝尔医学奖，诺奖委员会主要奖励她六十年的坚持精神。六十年做一件事，孤独，单调，甚至有冷嘲热讽，但她坚持在实验室，最后把“青蒿素”找到，挽救了几百万患疟疾病人的生命。

孙悟空在五行山下默默修行五百年，后遇到唐僧西天取经，又征服八十一难，终于取来真经。

道家师祖老子读书一生，领悟人生之道一生，只留下五千言的《道德经》，潇洒而去。那是何等的坚持。

孔老夫子周游列国讲学，他的儒家仁爱主张，那些王官贵族只说欣赏，而不采纳践行。后来孔子回家修书著书，儒学寂寞五百年后被董仲舒“罢黜百家，独尊儒术”而弘扬，成为中国文化的主脉。

当年的西南联大老教授们在茅草屋坚持给学生上课，没有任何教育口号，培养了一批科学家。

一个女人结婚后，十月怀胎，三年哺乳，孩子九年面壁读书，那是坚持。

我为什么坚持而不迷茫，因为我坚信“自然生长教育”是符合中国儿童生命生长规律的生长路径，“自然生长教育”是宇宙秩序在人间的延伸，“自然生长教育”内涵有中国人的集体性格。

“家教八部曲——儿童生长八部曲”是诠释“自然生长教育”的全部课程。

我找到了中国教育的出路，所以我要坚持讲学、宣传、实践……几十年如一日的坚持，风雨无阻的坚持。我为几千人讲过，为几个人讲过；为一位校长讲过，为百位校长讲过。无论有无掌声，无论有无鲜花，没有关系。坚持！

我讲学仅用一支粉笔、一块黑板、一把扇子，无需花花绿绿的投影。大道在简。

我已经出版了《教育原来如此美好》、《自然生长教育——包祥讲家教八部曲》、《童年是属于大自然的》等十部诠释我教育思想的教育书，今后还会有新书陆续出版。写教育书，是我的坚持。

坚持，沿着教育之路；坚持，沿着自然生长教育之道。

有的学生（家长）跟我十年，有的校长（园长）跟我七年，坚持践行自然生长教育。也有的跟着跟着就被乱像蛊惑而走了，没有关系。

坚持，要有毅力；坚持，要抵御住诱惑；坚持，要不畏权贵；坚持，要相信自己！

坚持，要不怕孤独；坚持，为万家解惑！

仅以此文，献给那些在教育十字路口迷茫、焦虑的年轻朋友们！

（2017年2月21日凌晨3点写于自然生长教育研究院，外面风雪欲来）

包祥说教育—119

唯美黑白世界

苍天赋予给人类的，是最唯美的黑白世界。白天是晴空万里，视野开阔辽远，那是伴我们一生的无价之宝——白天！

夜晚的暮色把我们拥入卧室，带我们进入梦乡——我们感谢黑夜！

地球的南北极是皑皑白色冰雪大世界，向中间渐渐走入大草原，大森林，大麦田，大洋，远远的呈墨色（黑色）。

黑白世界，既高雅又哲理地润入我们的生活，我们的心灵，我们的人生世界。

围棋，约公元前2000年起源于中国。公元500年前后传入日本而盛行。两人对弈，规则简单。围棋，在黑白世界里以策略、技巧、耐力、变化无穷来取胜。围棋是智慧中的黑白世界。

太极图是黑白世界，据说是2 500年前孔老夫子的杰作。太极图是最有哲理的黑白世界。

书法是黑白世界。近白色的宣纸上，毛笔饱沾墨汁，挥毫泼墨，龙飞凤舞。书法是心理行为呈现的黑白世界。

钢琴是黑白世界。钢琴号称乐器之父，黑白键的弹奏，让声心合唱。钢琴是最纯洁的黑白世界。

小提琴也被我视为黑白世界。小提琴的银色（白色）琴弦之外都近黑色。小提琴的演奏是黑白恋曲，是黑白世界。

安徽皖南的徽派建筑是黑白世界。穿西服是黑白世界。老师在黑板上用白粉笔写字是给学生黑白世界。

我们的眼睛，就是黑白世界。

当下我们走入儿童生活世界，无论是家里的卧室、卧具、玩具、学具，还是幼儿园或小学校，几乎都是花花绿绿的艳丽世界，远离了养眼唯美的黑白世界。“五色令目盲”，乱色艳色让孩子们眼躁心躁，让孩子们乱闹，让孩子们走不稳、立不直，让孩子们难以静静地坐好读书——儿童的未来让我忧虑！

包祥老师大声呼吁：把唯美的黑白世界，还给孩子们吧！

（2017年2月27日清晨于小木屋）

善于观察

19 世纪初，英国海军蒲福在 1805 年观测海上风力时做了大量的记录，后来成为“蒲福风级”。

蒲福记录：

0 级风，无风，海平如镜。

1 级风，软风，仅见涟漪，没有浪峰。

2 级风，轻风，子波较短，浪峰稍高，闪亮但不破碎。

3 级风，微风，子波大，浪峰开始破碎，泡沫如玻璃状，有时出现白浪沫。

4 级风，和风，小浪变长，具白浪沫。

5 级风，清劲风，中浪，浪型更长，具有白沫，有些飞沫。

……

11 级风，暴风，罕见的高浪，能挡住中小型船只，海面被长的浪沫团覆盖着，浪峰被吹成沫，能见度受影响。

……

蒲福善于观察，又坚持观察，他把自己长时间的观察记录整理、再观察、再整理——“蒲福风级”诞生了。

1874 年，国际气象委员会在国际通用天气预报中采用了“蒲福风级”。

我一直主张老师们和家长朋友们，写孩子生长的观察日记，此过程会有助于你观察儿童，读懂儿童。我的好多教育文章就是教育观察日记的整理。

我国著名的儿童教育家陈鹤琴写过大量的观察自己儿子的生长日记，而悟出儿童生长的一些必然发生的现象。

我的学生王莉，写孩子生长教育日记2 000多篇，后整理成书出版。

观察日记是写儿童客观的行为，没有大人主观的想象。第一是善于观察，仔细观察，观察孩子的举手投足，观察眼神；第二是客观的记录。

包祥老师希望“自然生长教育之家”的家长朋友们，特别是幼儿园和小学老师们写儿童观察日记，珍贵得很！

善于观察，才会懂得。

（2017年3月2日清晨于中原的朝霞中）

包祥说教育—306

第一课

今天是9月1日，是全国中小学生开学日。我祝福所有的小朋友们，祝福同学们：开学愉快，身心健康生长！

不知从何时开始，有了“第一课”之说。从央视到地方电台，从小学到中学，极力策划推出第一课。似乎第一课之重要，重要到决定一个学期，甚至整个教育，或决定学生一生之开始。

我是化学老师，初三时学生刚刚开始学习化学。所以，化学教材第一课是“绪言”课。绪言课太重要了。教材安排绪言课为一节课。那时我经常把绪言课上一周，甚至两周。其意在于，我要通过绪言课（化学第一课），把学生引进化学科学的神圣殿堂，为学生打开化学的大门。

故，学生学习化学始终有神秘感，始终有兴趣，把化学的魅力淋漓尽致地展现给学生。学生当然喜欢化学，努力学习化学，遨游在化学知识的汪洋大海之中，甚至想当化学科学家。

我建议校长们，学校不要把第一课给电视台，不要给什么“做人课”等。

第一课一定还给学科老师，学校不要占用。学科老师无论是几年级都应该把第一课上成学科“绪言课”，为学生开启学科神圣的大门。

数学老师带领学生要弄清楚什么是数学？“世上万物背后都有数的法则”，“数之所在，理不可夺之”，“黄金比例”，给学生讲陈景润的故事、华罗庚的故事、高斯的故事、牛顿的故事、毕达哥拉斯的故事。孩子们的智慧最愿意在数学课堂彰显，也最容易在数学课堂彰显，给其机会。

语文老师回答学生何为语文？汉语是我们的母语，汉字是世界上最有故事的文字，每个汉字背后都有精美的故事。《联合国宪章》出台后，第一份印刷品是汉字，而非英文。汉语是全世界使用人口最多的语言，汉字是我们的骄傲。

英语老师理应说清楚为啥我们的孩子们要学习英语？英语老师要给孩子们讲工业革命的故事。工业革命从英国爆发，把人类带入现代社会。这是我们学习英语的一条重要理由。

还有科学学科——学校就是学习科学知识的地方。

音乐、美术学科——学校是这个社会文明的发源地和辐射场——那是美。学校是美的代名词——在音乐，在美术。

体育学科——让学生身体健康生长。体育老师是健康模特。体育课一定为学生建立秩序感。

……

无论是数学、语文，还是化学、音乐，学科本身都有科学的魅力、知识的魅力、美的魅力、哲学的魅力……由于老师的误解而导致学生厌学，老师过于强调学习方法而损失了学科自身的魅力。

第一课，“绪言课”若为学生打开了学科的大门，学习将有无穷无尽的乐趣，永远有探索不尽的奥秘，永远有美好的故事，永远有愿景吸引，学生永远期待老师来上第二课、第三课！

（2017 年 9 月 1 日清晨于小木屋写于全国开学日）

路

昨天(周日)同几位教育界朋友走了一天的路。

蓝天白云陪伴,观湖水,漫步廊桥亭阁,曲径通幽,过湿地,绕芦苇,鹤翔鸥舞,雁南飞……

风,是成熟的秋风,送来稻谷熟了的信息,送来秋水清爽的信息,送来鲤鱼越出水面的信息,送来游人欢歌笑语的信息。风递秋香,香助风熟。

湖,是天然湖水,开阔至天际,波涛涌起,浪花似雪,让湖增添了动感,生命力倍增,似乎有无限的生命力量,力量传递给撑船的人和坐船的人,湖水及其周围顿时有了壮美之感。

继续沿着湖畔木栈道前行,一个小女孩蹦蹦跳跳地走着,玩着,嬉戏着浪花,挑逗着芦苇,吹着泡泡,两个小辫子在空中飞舞。爸爸在吟"落霞与孤鹜齐飞,秋水共长天一色"。

一对恋人时而牵手,时而依偎,风吹不开,浪打不散,我真的希望他们永远!

再漫步,钓鱼竿在一老翁手中,静静地垂钓,"不管风吹浪打,胜似闲庭信步"。我仔细瞧,篓里无鱼,然他无虑。老翁坐钓,不在乎鱼也。

我们同行的一位朋友爱好摄影,不时按下快门,记录着我们今天的路、儿童的路、恋人的路、渔翁的路。路,沿着湖岸的曲直延伸开去,无论是芦苇、栈桥,还是浪花、恋人……统统进入他的摄像机里。

客观的路和主观的路,都在相机里抒写着,刻画着,排序着,延伸着,构成今天的路,我们生命路的延伸。

路,当然还有我们的话语,说天谈地,言水叙风,登高望千里,脚下踏一程,上下五千年，纵横几万里，春夏秋冬，日出霞落。

记得前几年，一日在北京西单图书大厦读书，偶然发现一本漫画书。其中一页画的是人类从远古人到现代人演变的几幅漫画，最近的那位手里挥舞着手机在说："回吧，我们都错啦！"

朋友用镜头看世界，我用文字写人生。此乃路也？然。

教育的路在哪里？我用四十年在盘问，在探索，在实践，在写书，力求为孩子们找出路——自然生长教育。

（2017年9月25日清晨，写于自然生长教育研究院）

读者所言

《教育原来如此美好》的读者在网上留言，写读后感的很多，选取“龙湖秋水”的短文在本书再版时载于此。

龙湖秋水：童年是属于大自然的——初识端然先生

立秋后的八月郑州，热浪丝毫不减，城市的绿荫挡不住依然肆虐的暑气。在穿过城市无尽的车流建筑和喧嚣繁华之后，在安静的城市一角，在那间摆着一套茶艺的古拙的木质茶几旁，我见到端然先生——端然教育的创始人。

先生沉静大气、和蔼安详，耐心地听我有关教育教学方面的叙述，不时回答我的疑问和困惑，给我指导性的建议，也委婉地对我的不足提出看法和改进的意见。先生思维敏捷，深谙先秦百家经典思想，又精通现在教育之道，话语中肯，句句打动人心。先生首先对于我的一些教育经历提出看法。他说，浅尝辄止是难以取得成绩的，挖了许多坑不如深打一口井。教育是缓慢的事业，和世上万物一样，日月星辰的罗列、四季的更换、果子的成熟都要遵循自然之道，违背规律，急功近利是要不得的。做教师要沉得住气，多读读先秦百家的经典。在我提出对目前很流行的某某课堂的一些质疑时，先生果断地指出，那是某一层次的学校的做法，并不适合其他类的学校；没有一种模式可以解决中国的教育问题，也不要迷信这样那样的所谓“先进的教学方法”，大道至简；语文老师就是带着学生一起静静地读书、思考、写字，让学生热爱语文，热爱文字。谈到目前的教育现状，面对一些拔苗助长的现象和应试教育的做法，先生一再告诫，每个孩子都是珍贵的存在，童年是属于大自然的，教育者一定要还孩子一个金色的童年，保持孩子的好奇心和求知欲。

临别，先生送我两本他的新书：《教育原来如此美好》和《童年是属于大自然的》，扉页上的题词“童心是人类的太阳”也留在了我的心里。

读者来信

尊敬的包祥校长：

您好！

作为一名边远山区教师，当收到您的著作时，内心是无比的激动。我谨代表碧峰乡埆坵小学 9 名教职员工和 148 名学生向您表示最崇高的敬意和亲切的问候！

书是人类文明进步的阶梯，是人类畅游知识海洋的船桨，是净化人类心灵的良药。埆坵小学地处高寒偏远地区，信息闭塞，知识极为匮乏，教师知识更新速度极为缓慢，以致在平时授课中知识延伸较为吃力，但让我们欣慰的是，有您这样的社会爱心人士，不远万里地将知识送到我们这里，犹如雪中送炭一般，让贫瘠的乡村小学看到温暖的曙光。感谢您！

作为一名教师，我的任职时间仅有两年，在工作中存在很多不足，无论是在教育教学上还是在学校资料建设上都能力有限，在班主任工作上更是力不从心。我一直找不到一个方法能使自己工作更顺畅。就在我内心纠结的时候，周慧娟老师带来了您的《教育原来如此美好》一书，书中还有您的亲笔签名。我好奇地看了前几页，又和周老师交谈了一下，向她了解了您。周老师和我在埆坵共事过一学期，我和她是很要好的朋友，从她的言语中，我知道您，我感觉您的这本著作正好可以指导我走出困境。我会利用假期认真地看完您的这本书，也会向周围的同事推荐此书。在此，我以个人的名义向您表示感谢。

感谢您！

一位贵州山区教师

2012 年 8 月

编后话

用全部生命拥抱教育

用全部生命拥抱教育

——编后话

只有用全部生命去拥抱教育，你才会感觉教育原来如此美好，你才会感动于教育给我们带来的无限的喜悦，你才会为教育祈愿。

我的家族近几代人中，有几十人做教育，也算是教育世家吧。孩提时就时常看长辈们的线装书和教鞭，家族的这种书香氛围和长辈们的书卷气时时在影响着我，使我选择了做教育，一做就是几十年。教课，当班主任，做教导主任，任校长，伴随着学生们的喜怒哀乐，看着学生们一代代地成长，听着校园里琅琅的读书声，我真可谓非常欣慰地走在教育的路上。从北国的黑龙江到南国改革开放前沿城市深圳，在沿海发达地区美丽的海滨城市青岛，和四季如春的春城昆明，一直走到首都北京，我先后在这些地方的几所学校做过校长，用朋友们的话说我是潇洒地走在教育的路上。教育家族给了我对教育认识的启蒙烙印，先辈们对教育的热爱和终生执著的追求，很大程度上影响了我做教育一生的价值取向。

白山黑水之间那片肥沃的黑土地、东北大工业基地的高科技、现代化和集约化生产给了我强壮的体魄、克服困难的勇气和韧性，给了我无穷的力量和对教科研的感情，对教育探索的起始与执著。深圳，是年轻的城市，是朝阳城市，是活力四射的城市，它给了我这个当时已是中年人的校长以活力，以生机，以探索与开拓。在齐鲁大地、黄海之滨的海滨城市青岛，是海尔、海信等名牌享誉的城市。青岛人以山东人的厚重，海滨城市人的浪漫，现代化工业都市人的大气积极地影响了我。一位好校长要以其人格魅力影响学校，以其管理艺术把握学校，以其学识渊博引领学校的文化，这些理念似发自心灵深处的元气场驱使着我做好校长。云南植被特别好，青山绿水，称得上是绿色之乡。丽江古城、大理古城、石林、茶马古道、洱海、雪山，人与自然的天然合一，古文化与现代文明的相容并存，让我深深地思考教育，思考文化。我思考教育的来龙去脉，思考文化的积淀与发展，思考人与自然的和谐相处。我思考并实践教育应回归它的本真。我在昆明任校长时提出和实施了绿色课堂和绿色教育。首都北京是文化古都，有着厚重的文化底蕴，这里蕴含聚积了中国五千年优秀灿烂的文化，长城的大气，故宫的王气，天安门、长安街的宽阔。从北京法源寺到什刹海，从老北京胡同到现代化的高楼大厦，北京城里既有市井气息同飘香的现代文化安然无事，又有古老的院落与时尚的潮流各得其所。北京到处都有讲不完的故事，每个故事里都蕴含着规则，丰富着文化，折射着道理。北京让我思考得最多的是我们中国的学校，要用中国文化办学，当然要用中国文化管理。所以，要想懂得教育，做好教育，就要对人类社会的发展透彻领悟。

这些年，我既是走在教育的路上，又是走在祖国的名山大川之中，走在波涛汹涌的大海与涓涓的溪流之旁，走在茫茫的原野和无垠的森林之间，走在都市与乡野的连线上，尤其是走在中国五千年博大精深的文化与现代文明里。在教育的路上，我看到、听到和遇到的故事真是太多。故事有学生成长的烦恼，有的是老师们教育学生的平凡却感人之事，有的是校长们全身心的投入热爱学校的事，有的是家长望子成龙又适得其反的事等等。本书就是对这些教育故事用情感的记录，用心灵的记录。这是刻骨铭心的记录，是情绪之后理智的记录。

使我体会感觉的是我们的教育对社会承担的太多，对孩子们承担的太多，我们的教育要做的事真是太多。一代代教育人在前赴后继努力为教育做着。我们的教育既前有古人，又后有来者，让我感动。这是我做教育继续、再继续的动力。这就是我写这些文章的动力，进而汇集成这本书的动力，以还给我的学生朋友们，我的老师朋友们，我的校长朋友们，我的家长朋友们。

在黑龙江，我搞成功教育十年，提升薄弱学校，帮助、鼓励弱势群体学生进步；在青岛，我致力于转变“困难学生”，使许多孩子浪子回头；在昆明，我搞绿色教育、绿色课堂，回归教育的本真，求索教育的真谛；在首都北京，我在做积极推进教育国际化、汉语国际推广这一当今非常有意义的教育事情的同时，深入研究东西方文化、教育的特点与结合点，探索适于中国学校的文化与管理中国学校的文化，适于我们的孩子们学习和健康成长的课程。

在教育的路上，开始我的愿望是择天下英才而教育之。而走着，走着，则逐渐更多关注和教育着那些更需要受教育或良好教育的“困难学生”及失学儿童，关注学生中的那些弱势群体，关注学校中的那些弱势群体。这在本书《转变困难学生》、《教育的最优化必须落实到学习的最优化——引导学生学会学习》等几篇文章中有体现。我做教育开始是凭感情去做，靠的是对教育的执著，对孩子们的爱。后来在感情的基础上多了理智，开始思考教育的最优化，《我们要构建怎样的校园?》等文章就记录了这样的思考与实践。

在教育的路上，书是我忠贞不渝的伙伴，我一直在阅读。“阅读改变人生”，诚哉斯言。古人云：“心浮则气必躁，气躁则神难凝。”所谓“神难凝”，引申来讲，就是做人不踏实，做事不扎实，心猿意马，志大才疏。读书能使人“心底无私天地宽”，能使人“静而后能安，安而后能虑，虑而后能得”。读书能使人弃浮躁而渐踏实，弃喧嚣而渐宁静，弃浮华而渐朴实，弃追风逐浪而渐渐独立思考，弃贪图虚名而渐渐实事求是。

读书会让人稳定和安宁，从容地阅读、思考，能丰富自己。读书是生活的一部分，而生活又是一本大书。读书时你可以发现生活的魅力、生活的道理和生活的快乐。做一个爱读书的人，幸福生活和事业的成功都会拥抱你的。

在教育的路上，我一直是脚踏实地地前行，似乎悟懂了王国维说的，古今之成大事业、大学问者，必有三种境界，并以三句诗概括：昨夜西风凋碧树，独上高楼，望尽天涯路；衣带渐宽终不悔，为伊消得人憔悴；众里寻他千百度，蓦然回首，那人却在，灯火阑珊处。做教育亦如是。

在教育的路上，我常常端详和思索中国书法五墨：即书法要满而不塞，疏而不漏，浓淡相宜，干湿得法，深浅有度。其实做人也如此，管理学校也如此。

中国近代教育家潘光旦教授，一生从生命科学、教育学和社会学等角度研究认识人的生理和心理基础、人的社会行为和规范以及为人处世法则和伦理道德，力图为人类寻求一条“中和位育，遂生乐业之道”。在教育的实践中，我恰在思索寻求“中和位育”的教育过程。

在教育的路上，教育给了我欣慰，给了我喜悦，做教育的同时也有许多烦恼和困惑。有时感觉人很孤独，而面对孤独内心却是充实的。面对孤独我体悟到人生的另一种真谛：超然物外，敢问苍天。其实，人的尊严不是身居高官要职的显赫，也不是名利双收后他人的青睐，我体会到的人的尊严是孤独地展现自我。而我又突然发现做教育、探索教育非吾独善其身，而是“吾道不孤”，无论是家族的、同事的、社会的一路前行者多矣，合作者多矣。

在教育的路上，随着年龄的增长，我突然顿悟历史是按其本身的规律合乎逻辑地自然发展着，教育亦如此。教育也是按其本身的规律发展着，按青少年的成长规律、认知规律合乎逻辑地自然发展着。人为的、主观的想象于教育行不通，只有实践，在实践中检验，认识规律，遵循规律前行才是。

在教育的路上，我似乎发现一个现象。工业时代的人们，很少有修补的观念，可是农业时代穷困怕了的人们，却把任何废弃的东西都不报废，他们珍惜旧的，爱护旧的，对旧的发生感情，他们宁肯钉钉补补，也不愿汰旧换新。这种情形，变成了一种定律、一种习惯，最后变成了目的本身。所以，最后问题不再是有没有能力换新的问题，而是根本就先排除换新，一切都以先维持旧的为天经地义，不能维持则以修补旧的为天经地义。农业时代的穷困，形成了人们的惜旧观念，从一套制度到一个脸盆，都不例外。这就是人的传统观念改变之难，可见我们的教育改变之难。做事需顺势而变，更需要集体而变。在潮流中行事的人要有大智慧，有大雄心，有大责任。做教育既要务于精纯，又要观其大略。

在教育的路上，我做了多年校长。做校长，先是做人，其次做事。人对了，事就不会错。中国人讲在中国能做成事的人必须是：有度量去包容那些不能改变的事，有勇气去改变那些可以改变的事，重要的是要有智慧去区别上述两类事。成功的校长是在正确的时间，出现在正确的地点，做正确的事情。对正确的判断，则需要智慧，需要经验，需要自身的文化底蕴，需要对人类社会发展的透彻领悟。中国人讲做人不慌不忙，先求稳当，次求变化；办事无声无息，既要精当，又要简捷。中国人讲乱世用奇，治世用正。以奇始,以正合,始终是不变的。这也许是中国人用中国文化管理学校吧。

在教育的路上,我不知不觉走入了教育国际化系列。“非读万国之书,则不能读一国之书”,要知道中国以外还有世界,了解世界才能了解自己,发展自己。近几年我有机会走出国门,考察了东南亚教育,又去欧洲,去美国,去日本考察那里的教育。我走访了许多发达国家的知名学校,美国的哈佛大学、耶鲁大学,还有美国的海瑟·威布朗女校等许多中小学校。我走访了英国著名的伊顿公学、罗婷女中等世界一流学校,走访了日本的山田高中这所非常有特色的学校等。了解西方教育,探讨教育国际化,以便更好地做好我们的教育是我新的追求。

我先后两次访问了坐落在美丽的伊利湖畔的美国的海瑟·威布朗女校,在近20天的时间里,我看到的是这所学校老师和学生们灿烂的微笑,生命在校园里是那么的阳光,朝气。课堂上学生和老师们自由交流,生活中学生的独立,让我们深思。在日本的一所幼儿园里,我看到4岁的小孩子在自己吃午餐。

在全球经济一体化、社会生活网络化、学习终身化的世界大背景下,教育不能独善其身,要合作发展,这是不以人们的意志为转移的发展趋势。顺应这一世界发展趋势,不同国家和地区的学校走到一起,共同交流、探讨、合作,这已经是当今教育在全球范围的发展趋势。这就迫切要求我们同世界各国教育工作者加强合作与交流,共享人类优秀文明,共创人类优秀文化。

教育面向世界是空间的延伸,面向未来是时间的延伸,核心是要面向现代化。实现教育的现代化,就要吸纳国外的先进教育思想、先进的管理办法,了解西方文化,就是必须走教育国际化之路。

世界各地优秀学校将人类优秀文化、教育资源共享不仅成为共识,而且越来越多的学校在教育合作、师生互派等方面已积极实践,近年来已呈明显发展趋势,并取得了可观的办学效益。世界各地学校以多种形式进行文化教育交流活动越来越多,大家共享人类优秀文明,共创人类优秀文化。跨文化交流背景下的校长、教师、学生间的互访学习又成为载体传承不同地域的文化、价值、传统等社会文化资源，而这一交流已成为重要载体，使师生们获得了用价值、文化、传统难以衡量的知识和观念。教育国际化在全球经济一体化中孕育，并催使着教育现代化。

在教育的路上，我一直在悟，中国学校还是要用中国式管理。西方管理是科学管理，中国管理是哲学管理。西方文化我的理解很大程度上是工具性的东西，而中国文化是修炼性的东西。西方文化是术，中国文化是道，其内核不同，是两种不同内涵的东西。如果一个人不仅能够掌握“术”，同时还能掌握“道”的话，那么他就不仅是聪明而且具有了智慧，用智慧的方式管理人与事，才能获得真正的管理成功。

在教育的路上，我渐渐认识到，现代社会是市场经济、民主政治、公民社会、个人权利充分发挥的过程，我们的老师们，特别是校长们应有这种认识，否则难以面对我们的学生实施我们的教育，也难以实现教育现代化了。

在教育的路上，观察孩子们的成长过程是我多年不变的求索课题。人的生长有些像农业，也是春、夏、秋、冬的过程。人从 0—18 岁似春，为生的过程。父母养育，学校教育，慢慢成长，面对生活，认识生活，掌握知识，有所作为感渐渐立起。其间孩子们发现宇宙，发现自然，发现事物，发现规律。所以，人从 0—18 岁是发现的过程。进而人们逐步去认识宇宙，认识自然，认识事物，认识规律，成长的过程是认识的过程。再往后，人们便是成熟的过程，掌握知识，有所作为，指导生活，丰富生活，利用宇宙，利用自然，利用事物，利用规律。再接下来人们懂得并学会顺应宇宙，顺应自然，顺应事物，顺应规律。这也许就是生活的意义，教育的意义，人生的意义。

宇宙的变化从来没有停止过，远在未知的空间，近在可知的事物，变化不会停止，那些人类目前未知的空间、未知的事物，变化绝不会因为我们人类的未知而停止变化。事物都是按规律变化着，可见做教育遵循规律是多么重要。

在教育的路上，我结识了许多好师长，好上级，好老师，好朋友，好的合作伙伴。他们是我读书时的老师，是我工作时的同事，是我做校长时的领导班子成员，是我做校长的学校的老师们，是我学生的家长们，是我家族的亲人们。他们给了我许多支持，鼓励，配合，包容。他们给了我许多灵感，探索，追求。我感谢他们，非常感谢他们。

在教育的路上，同行们聊得比较多的是，作为校长您如何管理学校。在社会转型期有新旧观念的撞击、东西方文化的融合、传统和现代教育方式的冲突等等。麦当劳对员工的管理规范，着装规范，走路规范，服务规范。微软对员工的管理是松散的，没有硬性要求，员工甚至可以穿拖鞋上班。他们的区别是，微软都是高级人才。我主张学校对老师的管理不能用"麦当劳"式管理。校长对老师们的管理，实际上是人与人的关系。校长管理学校，国家的法律、学校的规章制度是底线，不能突破，老师们的工资和福利要保证。校长处理学校的事情，特别是与老师们利益攸关的事一定要公平、公正。校长最重要的是感情管理，校长要与老师们多接触，每周至少要有一次与老师们接触的机会，多向老师们表达学校发展的愿景，倾听老师们的心声，帮助老师们解决他们工作和生活中的困难。校长要依靠老师们办学，并把依靠表达给老师们。我在校长的岗位上多年，对老师和学生投入了太多的感情，与他们结下了深厚的友谊，这也是我人生的无价之宝。

本书中我的许多文章，文章中的观点、案例就是在我所工作过的学校任校长时，在管理学校的实践过程中积累的。是这些学校、这些学校的老师和学生们给了我灵感写成的。文章中的教育思想也是在这些学校做校长时所获而形成的。如《当校长的感受与体会》、《愿景管理，学校发展的长久策略》、《民办学校办学之道》、《学校文化的三个方面》、《中外合作办学、教育国际化的思考与漫谈》、《我们要构建怎样的校园？》等教育文章。还有《中学生心理辅导》、《初二现象》、《班主任是学生的人生导师》等应归功于学生。是我对学生多年的观察、接触、交流、辅导时有感而成文章。《每个孩子都是珍贵的存在》则要感谢我的妈妈。老母对孩子的无私之爱，对我读书上学的重视，才有我的今天。

我的许多教育文章，自20世纪90年代，就先后发表在《中国教育报》、《现代教育报》、《教育探索》、《中小学校长》和《昆明日报》等省市的报刊上。我的曾经的几本论著，如著《现代教育的透视》，编《走向市场经济——精神文明与教育新论》，合著《汉语语法简表》，为《成功人士话少年》撰写部分内容并为之作序等，也都是我在校长岗位上对教育的思索、探求、实践、合作。我感谢我的同事们，感谢出版社和报社的编辑们。

我敬慕我们的祖先披荆斩棘，历尽艰辛，开辟神州亘古荒原，创立了生生不息的华夏文明，开中国文化之先河。对中国文化我情有独钟，挤时间潜心学习研究中国文化及其在现代教育中的影响及作用是我多年的功夫，我的许多教育文章中都不同程度渗透着浓浓的中国文化情。无论以什么方式表述，中国文化在我的教育思想、教育艺术、课堂教学艺术、管理艺术等许多方面，都有体现。

也许由于我潜心学习研究中国文化，并在现代教育中的影响及运用并取得了积极的成果，也许由于我近年积极推进教育国际化、汉语国际推广，应邀几百次在北京、青岛、聊城、大连、昆明、武汉、哈尔滨、深圳、鹤壁、西安、齐齐哈尔等全国各地为中小学教师、校长及大学生作教育报告。我又多次出国，赴美国，去英国，到日本，在美国的纽约、克里夫兰，在日本的青森，在英国的伦敦等地进行教育演讲。从中国文化、教育思想、办学理念、课程构建、学校管理、教师队伍、校园环境等方面探讨教育的真谛，回归教育的本质。

在教育的路上，我特别感谢我的妻子赵淑华女士，她也是一位教育工作者。她默默无闻地在教育岗位上工作，不求任何功名。她全身心地支持我，相夫教子，贤妻良母是她的写照。她以我的事业、我的成就而高兴，而骄傲。我衷心地感谢她。我谨以此书献给我亲爱的妻子——赵淑华女士。

书中引用一些中外教育家的名言和教育同仁们所说的话，在此一并表示谢意。

“教育的最优化要转化成学习的最优化”，“教育是神圣而崇高的，教育的伟大使命是让人们从无知走向睿智，从幼稚走向成熟”等几句话，在不同的文章中重复出现过。是因为这些话太经典了，是教育的真谛，揭示了教育的内涵，爱不释手，故反复说之。

书，一定有许多不足之处，还望读者朋友和教育同仁指正。

教育永远是神圣而崇高的伟大事业。不为积习所蔽，不为时尚所惑，我愿继续探索实践真实而伟大的教育，继续潇洒走在教育的路上。真诚做人，踏实做事，续写教育，到永远。

2009 年 8 月于青岛八大峡

附录一

《现代教育报》访谈录

编者按：进入21世纪以来，新课改的时代车轮推动了教育列车的加速前行。这场前无古人的改革洪流，给了中国教育人一个千载难逢的契机——抛却功利与浮华，真正去探寻教育的本质与真谛，把最人性、最美好的教育呈现给孩子们。一直在搜索最有代表性的改革强音，一直在寻觅最能体现教育本真的思想与行动，在“乱花渐欲迷人眼”的找寻中，包祥校长和他的“端然教育”如一道霞光，擦亮了我们的视野。这样的一种教育，它有着怎样的思想内核？这样的一位校长，又有着怎样的教育观？请您随我们一起走进包祥校长的思想天地吧！

行走在“端然教育”之路上

——包祥校长访谈录

包祥校长，化学高级教师，教育管理研究生，资深教育专家。是全国健康教育优秀校长，省教育科研优秀校长，全国优秀校长，中国西部地区教育顾问，首届中国教育家大会嘉宾，世界学堂联盟秘书长，北京市中小学外籍学生教育研究会副会长，《当代校长》特约编辑。包校长有许多论著，如《用生命拥抱教育》、《现代教育的透视》等，为《成功人士话少年》撰写部分内容并作序。在《中国教育报》、《现代教育报》、《教育时报》、《教育探索》、《中小学校长》等报刊上发表了200多篇教育类文章，其中《愿景管理：学校发展的长久策略》、《民办学校办学之道》、《学校文化的三个方面》、《当校长的15种感受》、《中外合作办学，教育国际化的思考与漫谈》、《我们要构建怎样的校园?》等颇具影响力。一些文章已被杭州、长沙、福建电大、鹤壁高中、西安交大附中等作为校长、教师的培训教材。多年中国文化的学习研究和实践运用，使他形成了厚德载物的君子风范、厚积薄发的学识魅力和凝聚团队自强不息的精神。他曾几百次应邀在北京、青岛、大连、昆明、武汉、哈尔滨、深圳、鹤壁等地为中小学教师、校长及大学生作报告。

多年来，包校长一直在追寻教育的真谛，探索教育的回归之路。在这个过程中，他的“端然教育”思想逐渐清晰和明朗，其中的教育理念包括：每个学生都是珍贵的存在；用中国文化办中国学校，用中国方式管理中国学校；教育不能独善其身，应追求兼济天下。透过这些理念，一扇通向教育本真的大门徐徐打开——

自然化：只有遵循规律才能做好教育

现代教育报：据了解，您出身于教育世家，您自身在教育征途上也已走过了几十载春秋。那么，经长时间的实践和探索，在您看来，教育的本质是什么？要实现这一本质，又应该如何去做呢？

包祥:是的,我家族几代人中,有几十人做教育。我在书香中氤氲成长,最终也选择了教育事业。教课、当班主任、做教导主任、任校长,看着一代代学生的成长,听着校园里琅琅的读书声,走在这条教育路上,有辛苦,但更多的是幸福。

在教育之路上,随着阅历的增加和思考的深入,我越来越感觉到历史是按其本身的规律合乎逻辑地自然发展着,教育亦如此。教育也是按其本身的规律发展着,按青少年的成长规律、认知规律合乎逻辑地自然发展着。人为的、主观的想象于教育是不行的。在教育过程中,观察孩子们的成长过程是我多年来不变的求索课题。我觉得,人的生长有些像农业,也是春、夏、秋、冬的过程。基础教育阶段,就像是春天。父母养育,学校教育,慢慢成长,面对生活,认识生活,掌握知识。其间孩子们发现宇宙,发现自然,发现事物,发现规律。再往后,便是成熟和顺应自然、顺应事物、顺应规律的过程。这就是生活的意义,教育的意义,人生的意义。万事万物都是按照规律变化、发展着的,人也是。实际上孩子的成长,不是工业塑造的过程,而是农业自然生长的过程。我常常思索中国书法中的道理。书法要满而不塞,疏而不漏,浓淡相宜,干湿得法,深浅有度,刚柔相济。做人如此,管理学校如此,做教育,更是如此,遵循规律是非常重要的!这是一切教育行为的前提!

人文化:让校园成为师生成长的精神家园

现代教育报:您是一个经验和阅历非常丰富的人,走过祖国的许多地方。那么,同其他城市相比,您认为北京给了您哪些特殊的思考呢?这种氛围对您做教育又有哪些影响呢?您有一篇题为《我们要构建怎样的校园?》的文章,反响非常大。网友对它的评论是:好文章,大家要支持!请您结合这篇文章为我们介绍一下您在北京的教育思索与实践。

包祥:从北国的白山黑水到南国的改革前沿城市深圳,从美丽的海滨城市青岛，到四季如春的春城昆明，一直到首都北京，几十年间，我走南闯北。丰富的人生阅历给了我更广阔的思考空间。北京，这座城市到处都有讲不完的故事，每个故事里都蕴含着规律，潜藏着文化，折射着道理，因此，我思考得最多的还是“文化”，如何用文化去做教育，用文化去管理学校，用文化去探索和开发能让孩子健康、快乐成长的课程。

我认为，校园，一是要能充分体现学生学习的方式。实现学生与书零距离，与电脑零距离，与实验零距离，与知识零距离。二是便于人与人的交流——师生、生生的交流。适合学生发展的学校才是最好的学校，也是最有生命力的学校——学校为学生发展创造环境——愉快合作的学习环境，友爱融洽的人际环境，多彩自主的生活环境和优秀文明的精神环境。而现在的校园，基本是传统教学模式的产物，不利于学生生命个体的成长。传统意义的“教室”实际就是学生学习的地方，应该叫“学室”更佳。教科书也应该叫作学习用书。而且有很多素质是孩子先天带来的，要充分相信孩子的灵性与智慧。有时候我去听课，有的老师讲“氧化—还原”反应，能滔滔不绝地讲一堂课。我觉得，就让孩子们自己去读课文，充分地读，理解地读，然后讨论，教师只是适时点拨一下，孩子们就可以学会、弄懂，孩子们完全有这个能力。我曾经用两个星期的时间上化学课本的《序言》一课，为的就是激发孩子们学习的兴趣，把他们引领进科学的大门。现在的问题是，教师的“包办”太多。

书是文化的重要载体。多年来，书一直是我忠贞不渝的师者与伙伴。读书能使人弃浮躁而渐踏实，弃喧嚣而渐宁静，弃浮华而渐朴实，弃追风逐浪而渐独立思考，弃贪图虚名而渐实事求是。校长应是个读书人。校长的办公室应该是书房。读书应当成为一种习惯，就如吃饭睡觉一样。节假日休息的时候，去图书大厦看一天书，于我而言，是一种莫大的享受。身为教师和校长，不读书肯定不行！有三部分书是我必读的：先秦经典、欧洲文艺复兴及工业革命时的著作和自然科学类书籍。读书的面要宽，读书不能等同于学习，不能有功利性。当读书成为一个人的习惯，成为一个民族的习惯时，人就有前途，民族就有希望。

图书馆是学校提供给师生大量书籍资料和广阔知识背景的地方。我不喜欢现在学校图书馆那种时间、空间上的限制，束缚种种。假如图书馆不是在固定的地方，而是在教室，在楼层，在走廊，在办公室，在宿舍，在餐厅，在流动车上。这样，师生读书就不用去很远的图书馆，不用走那么多复杂的程序，而是随时随地都能拿到书，真正实现师生与书零距离的接触，师生阅读的兴趣一定会大大提升，阅读量也一定会增加。要为孩子们的阅读创造充分的物质条件和环境。此外，校园里的文化长廊、科技馆、中国文化教育馆、生态室等，都应该逐渐建立，为孩子们接触自然、体验生命、感悟成长创造机会，提供平台。

总之，文化具有教育人、引导人、培养人、塑造人、使人形成理想信念、奋斗精神、思维方式和行为准则的功能。能否建构文化校园就要看校长是否是一位有文化底蕴、有内涵的设计师、引领者。我正在努力使自己成为这样的人。校园应有利于学生的生活，有利于学生的生命价值实现，有利于学生的心理发展，有利于学生群体的独有文化建构。因此，校园需要重构。要构建思想校园、精神家园、人文校园，让校园有书卷气。校园应给予孩子们良好的习惯，让习惯形成品质，让习惯提升智慧。校园是让生命充盈灵气、智慧、活力、激情和探险的地方。校园应该成为师生生命成长的精神家园。

国际化："兼容并包"教育的路会更宽

现代教育报：您是一个眼界非常开阔的人，不但在国内走访了很多学校，而且将关注点放到了世界教育的大环境下。您是"世界学堂联盟"秘书长，为中国教育的国际化和汉语国际推广起到了非常重要的推动作用。那么，是什么原因促使您致力于让中国教育走出国门？您是怎样认识教育国际化的呢？

包祥：北京是一个传统与现代并行不悖的城市，这样得天独厚的氛围与环境，让我在向中华文化寻根的同时，也把视野放得更加开阔。教育国际化成了我努力探索的又一个方向。“非读万国之书，则不能读一国之书。”只有了解世界才能更好地了解自己，发展自己。近几年，我有机会走出国门，到东南亚、日本、美国和欧洲考察那里的教育。我走访了许多知名学校，如英国的伊顿公学、罗婷女中、剑桥大学，美国的哈佛大学、耶鲁大学、HB女校，日本的山田高中等。我觉得只有了解西方教育，实现教育国际化，才能取人之长，补己所短，中西合璧，从而更好地做好我们自己的教育。闭目塞听不行。伊顿公学倡导“自由教学”，要把“艺术和习惯”这些持久的东西最大限度地给学生；HB女校师生的脸上永远绽放着灿烂的微笑，生命在校园里是那么阳光，富有朝气。课堂上学生与老师自由交流，生活中学生非常独立。这些，都让我深思，给了我很大启示。

在全球经济一体化、社会生活网络化、学习终身化的世界大背景下，教育必定要合作发展。顺应这一世界发展趋势，不同国家和地区的学校要走到一起，共同交流、探讨、合作，共享人类优秀文明，共创人类优秀文化。教育面向世界是空间的延伸，面向未来是时间的延伸，核心是要面向现代化。实现教育的现代化，就必须吸纳国外的先进教育思想和管理方法，了解西方文化，走教育国际化之路。

教育永远是神圣而崇高的伟大事业。我愿不为积习所蔽，不为时尚所惑，永远求索、实践真实而伟大的教育，永远潇洒地走在“端然教育”之路上！

记者手记：交流虽然短暂，但包校长对于教育的那种积极的追求甚至可以说是“痴迷”已深深烙印在了我们的脑海中。学化学专业的包校长却对中国文化情有独钟。在阅读方面，他涉猎广泛，挤时间潜心学习、研究中国文化及其在现代教育中的影响和作用。他的许多教育文章中都不同程度地渗透着浓浓的中国文化情结。而且，他将对文化的感悟与思索应用于教育管理，这就更加难能可贵。“端然教育”，一种“端正的、本然的”教育，是他对人类社会发展的透彻领悟之后提出的，在当今的时代环境下，由于种种条件所限，这种教育模式也许在很大程度上还是一种“理想状态”，还不能普及开来。但是,“理想”经过一点一滴的努力,终会成为“现实”,而包校长与他的同仁们,一直在润物细无声地实践和推广着。端然教育无不体现着教育本真的博大与从容。

我们惊叹,惊叹于教育可以这般美好;我们感动,感动于包祥校长数年如一日的执著与探索;我们更加祈愿,祈愿包校长这位“端然先生”和他的“端然教育”能够一路破浪前行,就如他办公桌上的那株台湾兰一样,永远生机勃勃,永远精彩绽放!(《现代教育报》记者　苏瑞霞)

(2008 年 12 月 12 日《现代教育报》第 16 版)

附录二

《生活新报》访谈

如何对学生素质进行科学评价

——南洋取消评“三好”追踪报道

南洋取消评“三好”一事经本报报道，社会各界反响十分强烈。大多数人均对这一新鲜事物持肯定态度，因为它能给学生的特长和个性带来更多的发展空间，给素质教育找到了一个很好的载体。然而，人们更关心的是，到底该如何评价学生？昨日，记者带着这个问题采访了昆明南洋学校校长包祥。

包祥校长说，素质教育从本质上说，是以提高全民族素质为宗旨的教育。它是以全面提高学生的基本素质为根本目的，以注重开发受教育者的潜能，促进受教育者德、智、体诸方面生动活泼地发展为基本特征的教育。为全面推进素质教育，学校推出了成功教育的新模式，即先给学生带来成功的期望，然后给他们活动的机会，最后让他们在活动中展现才能，并在老师的帮助下取得成功。在评价学生的同时，只给引导性评价、鼓励性评价、希望性评价，不给批评性的定性评价。不用固定的框框来衡量学生，让每一个学生在打好文化知识底蕴的前提下注重个性和特长的发展，用“星级制”鼓励学生培养爱好和兴趣，如选拔评选“数学明星”、“语文明星”、“足球明星”、“书法明星”、“航模明星”等等，让每一个学生都看到自己的优点，给他们奋发的动力和方向。另外，学校对传统的考试测评办法和学生评语进行改革。待条件成熟时，学校要取消试卷考试和作业的百分制。学校试行“分项考核＋特长评价＋鼓励性评语”作为综合的学生素质教练办法，考试成绩不排队。同时加强教学管理，废止“成绩通知单”，使用“学生素质教育手册”，进行教学与学生档案管理改革。同时，对老师讲课进行改革，注重基础，精简内容，降低难度，缩小范围，注重学科间的交叉渗透，建立“一纲多本”，由必修、选修、活动课程、统一课程组成，传授知识与培养能力相结合，建立以提高学生全面素质为核心的新课程体系。

（《生活新报》记者　贾敏　2000 年 11 月 10 日）